Franz Kamphaus

Den Armen eine frohe Botschaft bringen

FRANZ KAMPHAUS

Den Armen eine frohe Botschaft bringen

Inspirationen zum Lukas-Jahr

Patmos Verlag

VERLAGSGRUPPE PATMOS

PATMOS
ESCHBACH
GRÜNEWALD
THORBECKE
SCHWABEN
VER SACRUM

Die Verlagsgruppe
mit Sinn für das Leben

MIX
Papier aus verantwortungsvollen Quellen
FSC® C014496

Klimaneutral
Druckprodukt
ClimatePartner.com/14549-2003-1001

Für die Verlagsgruppe Patmos ist Nachhaltigkeit ein wichtiger Maßstab ihres Handelns. Wir achten daher auf den Einsatz umweltschonender Ressourcen und Materialien.

Zugunsten von MISEREOR

Wir danken für freundlich erteilte Abdruckgenehmigungen:
Carl Hanser Verlag: S. 178 und 214
Suhrkamp Verlag: S. 231 f.

Verlagsgruppe Patmos in der Schwabenverlag AG, Ostfildern
www.patmos.de

Umschlaggestaltung: Finken & Bumiller, Stuttgart
Umschlagabbildung: © Markus Spiske / unsplash
Druck: GGP Media GmbH, Pößneck
Hergestellt in Deutschland
ISBN 978-3-8436-1330-9

Dem Gedenken an
Regina Groot Bramel
gewidmet

Inhalt

OSTERZEIT

JAHRESKREIS

FESTE

Vorwort

Die Predigt ist mir immer besonders wichtig gewesen. Während der über 60 Jahre meines Dienstes als Priester, später als Bischof von Limburg, habe ich sie sehr sorgfältig vorbereitet. Zwei Jahrzehnte habe ich in Münster an der Katholisch-Theologischen Fakultät Homiletik (Predigtlehre) doziert. Darum lag es nahe, meine Predigten anderen zugänglich zu machen. 2016 sind unter dem Titel »Tastender Glaube« Texte zum Matthäus-Jahr (A) erschienen. Das Echo darauf war vielfach mit der Frage verbunden: Warum nicht auch Predigten zu den anderen Lesejahren? Ich habe mir daraufhin vorgenommen, das Lukas-Jahr zu bearbeiten. Das Ergebnis lege ich hiermit vor unter dem Titel »Den Armen eine frohe Botschaft bringen« (Lk 4,18). Das ist das »Logo« meines 25-jährigen Dienstes als Bischof von Limburg gewesen und lässt zugleich erkennen, dass die Predigten sich in aller Regel auf die Heilige Schrift beziehen.

Das Buch ist Regina Groot Bramel gewidmet, die in den vergangenen Jahren meine Texte publiziert hat und 2020 durch einen tragischen Unfall ums Leben kam.

Mein Dank gebührt ebenfalls meiner Sekretärin Irene Steiner, ohne deren äußerst sorgfältige Arbeit das Buch nicht hätte geschrieben werden können.

Sankt Vincenzstift Aulhausen, im Frühjahr 2021
Franz Kamphaus

Zum Lukasevangelium

Geschichtsschreiber

Der Verfasser des dritten Evangeliums – nennen wir ihn der Einfachheit halber Lukas – ist ein in der jüdischen und hellenistischen Kultur gebildeter Mann, ein sachkundiger Geschichtsschreiber. Wie er im Vorwort sagt, will er alles »der Reihe nach aufschreiben«. Er ist ihm »von Beginn an sorgfältig nachgegangen« (1,3). Dabei nutzt er die Überlieferung von Augenzeugen und stellt eigene Nachforschungen an. Er greift auf das Markusevangelium zurück und auf die Spruchquelle (genannt Q). Zudem bringt er wichtiges Sondergut ein (etwa das Gleichnis vom barmherzigen Vater 15,11–32). So entsteht gegen 80/90 n. Chr. das Lukasevangelium, das in der Apostelgeschichte seine Fortsetzung findet. Mit Jesus beginnt die Geschichte Gottes mit den Menschen neu. Die Heilsgeschichte greift in die Weltgeschichte ein (vgl. 2,1 f).

»Gottesfürchtiger«

Lukas scheint ein »Gottesfürchtiger« gewesen zu sein, also ein Heide, der mit den Juden sympathisierte, ohne sich beschneiden zu lassen. Das Evangelium ist nicht in Palästina entstanden, vielmehr wahrscheinlich in Antiochien, von Paulus her einem Zentrum der christlichen Heidenmission. Das würde Lukas' besonderes Interesse an der Heidenmission erklären. Für ihn ist der Hauptmann von Kafarnaum (7,1–10) das Beispiel eines »Gottesfürchtigen«. Jesus betritt das Haus des Heiden noch nicht. Das wäre ein Tabubruch gewesen, denn Juden durften das Haus eines Heiden nicht betreten (vgl. Apg 10,28). Erst nach seiner Vision (vgl. Apg 10,9–16) geht Petrus in besagtes Haus und eröffnet damit den Raum für das Pfingsten der Heiden in Cäsarea am Meer (vgl. 10,44–48). In der frühkirchlichen Überlieferung

(u. a. Kol 4,14) wird Lukas mit dem gleichnamigen Arzt und Mitarbeiter des Paulus identifiziert (vgl. auch Irenäus von Lyon). Das ist mehr als fragwürdig.

»Selig, ihr Armen ...«

Im umfangreichen Sondergut wird deutlich, was Lukas besonders am Herzen liegt. Das sind an erster Stelle die Armen. Gleich zu Anfang des Wirkens Jesu in seiner programmatischen Antrittspredigt in Nazaret heißt es: »Der Geist des Herrn ruht auf mir; ... er hat mich gesandt, damit ich den Armen eine frohe Botschaft bringe« (4,19; vgl. auch u. a. 18,22). Im Unterschied zu Matthäus (vgl. 5,2) gilt die erste Seligpreisung bei Lukas ohne jede Einschränkung: »Selig, ihr Armen ...« (6,20). Den Seligpreisungen folgen die Wehe-Rufe: »Weh euch, ihr Reichen ...« (6,24). Lukas weist wiederholt auf die soziale Kluft zwischen Reichen und Armen hin. Der Besitz hat keinen Bestand (12,16–21). Es kommt darauf an, bei Gott reich zu sein. Das geschieht durch Liebestaten und, für Lukas sehr wichtig, Barmherzigkeit. Sie sind wichtiger als religiöse und nationale Grenzen, wie das Gleichnis vom barmherzigen Samariter zeigt (vgl. 10,25–37).

Zöllner und Sünder

Der Messias des Lukas ist nicht nur ein Freund der Armen, sondern auch der Sünder. Sie werden oft in einem Atemzug mit den Zöllnern genannt (u. a. 7,34). Der reiche Oberzöllner Zachäus ist einer von ihnen (19,1–10). Der Zöllner Levi wird von Jesus in die Nachfolge berufen (5,27–32). Hilfe für die Armen und Vergebung für die Sünder dulden keinen Aufschub. Jesus gewährt sie gleich »heute« (vgl. u. a. 4,21 im Zusammenhang der Antrittsrede). Wer ihm nachfolgt, muss dazu bereit sein. Das »heute« ist ein lukanisches Markenzeichen. Es durchzieht das Evangelium von der Geburt Jesu an (vgl. 2,11).

Frauen

Alle vier Evangelien erwähnen im Zusammenhang von Tod, Begräbnis und Auferstehung Jüngerinnen Jesu, angeführt zumeist von Maria Magdalena. Lukas hat eine solche Liste von Frauen schon viel früher. Er vernetzt sie zudem mit der Mission der Zwölf (vgl. 8,1–3). »Sie unterstützten Jesus und die Jünger mit ihrem Vermögen« (8,3). Dass sie erst wieder bei der Passion auftauchen, schmälert ihre Bedeutung nicht. Ihre frühe Nennung zeigt, dass sie wie die Zwölf den ganzen Weg seines öffentlichen Wirkens mit ihm gegangen und schließlich Zeuginnen seiner Passion und Auferstehung geworden sind.

Gebet

Zum Sondergut des Lukas gehören auch die Erzählungen von der Geburt Johannes des Täufers und von der Geburt Jesu. Letztere vor allem hat sich in unser Gedächtnis und Gemüt eingeprägt. Die Erzählungen enthalten wichtige Hymnen, die uns im Stundengebet der Kirche begegnen: Das Benedictus (1,69–79) in den Laudes, das Magnificat (1,46–55) in der Vesper. Der Lobpreis des Simeon (2,29–31) findet sich in der Komplet und in der Begräbnisliturgie. Häufiger als die anderen Synoptiker berichtet Lukas, Jesus habe gebetet (vgl. u.a. 5,16; 6,12). Jesu Wirken gründet in seiner Beziehung zum Vater, die im Gebet zum Ausdruck kommt und dadurch lebendig bleibt. Inbegriff dieses Betens ist das Vaterunser (11,1–4).

ADVENT

Ich bin erwartet

1. ADVENTSSONNTAG

Schrifttext: Lk 21,25–28.34–36

Schwarz-weiß-Malerei?

Wir haben früher gelernt, der Adventskranz mit seinen Lichtern erinnere uns an die Jahrtausende vor Christus, an die Zeit, in der eine unerlöste Menschheit auf den Erlöser wartete. Er erinnere uns an eine dunkle Geschichte, in der nur langsam Lichter der Hoffnung aufleuchten, bis schließlich Christus, das Licht der Welt, die Finsternis des Unheils durchbrochen hat. Wenn wir den Terror in aller Welt, die Katastrophen und Kriege der vergangenen 100 Jahre überdenken, können wir diese Geschichtsdeutung nicht mehr mitmachen. Sie erweist sich als eine einzige Schwarz-weiß-Malerei. Eher wird uns die ganze Geschichte der Menschheit wie eine graue Masse erscheinen, in der es immer wieder Lichtblicke des Guten gibt und Menschen zum Besseren hin aufbrechen.

Unterwegs

Der Advent ist nicht nur fromme Erinnerung an Vergangenes, sondern unsere Gegenwart. Die Liturgie inszeniert nicht ein großes Spiel, sie verweist uns auf unsere Erfahrung. Merken wir nicht, wie unerlöst die Welt ist, wie unerlöst wir uns selbst oft genug verhalten, auch als Kirche? Wir leben nicht einfach nur *nach* Christus, wir sind oft genug weit *vor* Christus, stehen ihm im Weg, statt ihm zu folgen. Wir sind noch nicht bei ihm angekommen, wir sind unterwegs, und wir bleiben unterwegs. Unser Leben ist im wahrsten Sinne des Wortes ein Kommen und Gehen. Es ist nicht eine gerade Linie, die immer nur in eine Richtung führt –

auf Jesus zu. Die Schwerkraft der Sünde will uns von ihm wegziehen. Wir müssen auf der Hut bleiben, dass wir nicht abdriften, sondern im Kommen bleiben, also auf Christus zugehen.

Aufrecht

Es ist Advent. Wir sind noch lange nicht am Ziel. Darum mahnt das Evangelium: »Wachet und betet allezeit, damit ihr ... vor den Menschensohn hintreten könnt« (36). Christen sollen also keine Schlafmützen sein, sondern aufgeweckte Zeitgenossen, hellwach, in Erwartung. Wir fragen nicht: *Was* steht uns bevor? Wir fragen: *Wer* steht uns bevor? Christus der Herr steht uns bevor! Er ist im Kommen. Unser Schicksal liegt nicht in den Händen anonymer Mächte, es liegt in Gottes Hand. Jemand ist da, der am Grund der Welt und unserer Geschichte steht. Darum können wir aufrecht und erhobenen Hauptes in die Zukunft sehen. »Wenn dies beginnt, dann richtet euch auf und erhebt eure Häupter; denn eure Erlösung ist nahe« (28).

Jetzt ist die Zeit

Der Advent ist die Zeit der Erwartung. Worauf warten wir? Das Evangelium sagt: Spekuliert nicht über den Zeitpunkt des Endes der Welt, sondern fangt an, auf die Spuren Gottes im Heute zu achten. Ihr findet sie jetzt. Gott ist im Kommen. Unsere Erwartung an das Leben und an unsere Zukunft ist aufgehoben in dieser allumfassenden Erwartung. – Christen sind Menschen, die sich nicht zufriedengeben mit dem, was ist, die sich nicht einfach dem Lauf der Dinge überlassen, sondern die auf die Zeichen der Zeit und der Schöpfung achten (Klimawandel, Geflüchtete). Christen sind Menschen, die vom Brot allein nicht satt werden, deren Hoffnung über die Grenzen der Welt und des eigenen Horizonts hinausreichen; Menschen, die daheim noch Heimweh haben – nach Gott.

Letztlich geht es nicht nur um unsere Erwartung. Ein älterer Mann sagte mir am Ende eines längeren Gesprächs auf die Frage, was für ihn das ewige Leben sei: »Ich bin erwartet.« Besser kann man es nicht auf den Punkt bringen: Ich bin erwartet – von Gott.

Der Vorläufer

2. ADVENTSSONNTAG

Schrifttext: Lk 3,1–18[1]

Advent – Zeit der Buße!

Fast haben wir vergessen, dass die Adventszeit eine Zeit der Buße und des Fastens ist (die liturgische Farbe ist violett!). In unserer Konsumgesellschaft ist sie längst zum Inbegriff der Gaumenlust geworden. Glühwein und andere Leckereien haben Hochkonjunktur. Weihnachtsmarkt – das Wort sagt alles. Der Advent und Weihnachten werden zu Markte getragen und dem Markt geopfert. Da ist Johannes der Täufer, eine der zentralen Gestalten im Advent, ein Kontrapunkt. Er ist ein kantiger Mensch, anstößig, widerständig, ein Feuerkopf! Lukas zeichnet sein Auftreten in die Weltgeschichte ein. Größen der Zeit werden mit ihren jeweiligen Herrschaftsbereichen benannt, ähnlich wie in der Weihnachtserzählung. Das ist wie ein Ausrufezeichen: Passt auf! Gott führt das Regiment. Er ist unterwegs zu euch. Bereitet ihm den Weg!

1 Die Evangelientexte vom 2. und 3. Adventssonntag werden zusammengefasst, weil sie zusammengehören.

Eine Bußpredigt

Gottes Wort ergeht an Johannes »in der Wüste« (2). Von dort her wird er berufen. Die Wüste ist ein Ort der Bewährung, wie eine Stunde der Wahrheit. Mit ihrer trockenen Hitze schält sie den Lebewesen alles Überflüssige vom Leib, bis nur das bleibt, was zum Leben unerlässlich ist. Sie ist, sagen die Araber, der Garten, in dem Gott spazierengeht, also ein Raum letzter Fragen. Genau von dort tritt Johannes der Täufer in die Öffentlichkeit. Er zieht in die Gegend am Jordan, um dort Buße zu predigen und zu taufen. Das Volk strömt in Scharen zu ihm hinaus (vgl. 7). Dabei ist seine Predigt eine Art Publikumsbeschimpfung. Da haben sich die Leute aufgemacht, um ihn zu hören und sich taufen zu lassen. Sollte er nicht wohlwollend auf ihre Erwartungen eingehen? Wie kann er seinen gutwilligen, religiös interessierten Hörern solche Schimpfworte an den Kopf werfen wie »Ihr Schlangenbrut« (7)? – Mit dem Zitat aus dem Ersten Gottesknechtslied (Jes 40,4–6) wird ein anderer Ton angeschlagen. Neues steht bevor. Nichts bleibt, wie es ist. Das durch die Propheten lange Angesagte, aber letztlich doch völlig Unerwartete geschieht. Täler heben sich und Berge sinken herab, damit ein ebener Weg bereitet wird für den kommenden Messias: »Alle Menschen werden das Heil Gottes schauen« (6).

»Was sollen wir also tun?«

Die Leute fragen: »Was sollen wir also tun?« (10). Johannes antwortet mit Entschiedenheit. Er überfordert nicht. Das, was zu tun ist, ist möglich und zu leisten. Johannes gibt ganz einfache und konkrete Antworten als Beispiele für Umkehr und Wegbereitung. Die Weisungen wirken sehr milde (allemal angesichts der Bergpredigt!), aber würden sie realisiert, wären sie ausgesprochen wirkungsvoll: Wer mehr hat, als er braucht, soll mit denen teilen, die nichts haben. Wer

Geld kassiert wie die Zöllner, soll sich nicht unrechtmäßig bereichern. Wer Machtmittel zur Verfügung hat wie die Soldaten, soll sie nicht gewalttätig gegen die schwache Zivilbevölkerung einsetzen. Das sind Grundforderungen für ein Gemeinwesen, das die Schwachen schützt und den Starken im Interesse des Gemeinwohls sinnvolle Grenzen setzt. Wenn sie eingehalten würden, dann bekäme unsere Gesellschaft ein deutlich menschlicheres Gesicht. »Die große Schuld des Menschen ist, dass er in jedem Augenblick die Umkehr tun kann und nicht tut« (jüdische Weisheit).

»Bereitet dem Herrn den Weg!«

Johannes der Täufer ist der Wegbereiter, der Vorläufer des Messias. In dieser Berufung ist er nicht nur für jede und jeden von uns Vorbild, sondern auch für die Kirche. Auch für sie gilt: Sie ist Vorläuferin, vorläufig. Sie ist nicht selbst der Messias. Wenn wir die gegenwärtige Kirchensituation mit dem Missbrauchsskandal und vor allem dem Glaubensschwund nicht einfach nur hinnehmen, sondern fragen, was uns das vom Glauben her zu sagen hat, dann gehört zur Antwort sicher auch dies: »Wir sind zu viel Kirche und zu wenig Christus« (Kardinal Christoph Schönborn). Das Kostbarste, was uns im Glauben geschenkt ist, ist Christus, nicht Petrus. Gott lehrt uns, die Kirche realistisch einzuschätzen. Auch sie trägt ihren Schatz in zerbrechlichen Gefäßen. Wenn die Kirche sich selbst wichtiger nimmt als ihre Botschaft, wenn sie sich mehr liebt als Gott und den Nächsten, dann verrät sie ihren Auftrag. Es kommen als Boten Gottes immer nur Menschen mit ihren Menschlichkeiten und dem oft allzu Menschlichen. Und die Leute sagen dann: ›Schaut euch das nur an, die sind auch nicht besser …‹ Unsere Aufgabe besteht darin, Vorläufer zu sein, Christus den Weg zu bereiten.

Freut euch

3. ADVENTSSONNTAG

Schrifttext: Phil 4,4–7

Freudlos?

»Freut euch ...«, ruft der Apostel Paulus uns zu. Und er gibt seinem Aufruf zur Freude Nachdruck, indem er ihn wiederholt: »Noch einmal sage ich: Freut euch!« (4). Selten mag die Ermutigung zur Freude in der Kirche so notwendig gewesen sein wie heute. Wo man hinschaut: lange Gesichter und eine miese Atmosphäre. Das Wort Krise ist in aller Munde: Kirchenkrise, Glaubenskrise, dazu die Missbrauchsskandale, die uns in Atem halten und uns die Schamröte ins Gesicht treiben. Alles in allem wenig Erfreuliches. Rat- und Mutlosigkeit haben sich breitgemacht. Enttäuschungen lähmen uns, sitzen wie Blei in unseren Gliedern. Da kommt der Aufruf zur Freude gerade recht. Wer möchte nicht, dass die Belastungen von uns abfallen, dass das Blei aus unseren Gliedern fließt, dass sich der Krampf löst und wir frei werden, befreit zum Leben. »Freut euch im Herrn zu jeder Zeit!« (4). Zu *jeder* Zeit – also auch heute gibt es Grund zur Freude. Wie kann sie in uns aufbrechen?

Nicht zu machen

Die Freude ist nicht zu machen. Man kann sie nicht verordnen wie bei einem Fototermin: »Bitte recht freundlich ...« »Nun lacht doch mal ...« Die Freude kommt nicht auf Befehl, sie stellt sich ein. Sie macht sich von selbst bemerkbar. Sie spricht für sich. Wer sich von ihr ergreifen lässt, strahlt wie die Sonne. Ein junger Mann kommt zu einem Rabbi mit der Frage: »Was kann ich tun, um die Welt zu retten?« Der Rabbi antwortet: »So viel, wie du dazu beitragen kannst, dass morgen die Sonne aufgeht.« – »Aber was nützen dann all meine Gebete und meine guten Taten, was nützt die ganze Askese?«, fragt der junge Mann. Darauf der Rabbi: »Sie helfen dir, wach zu sein, wenn die Sonne aufgeht.« Der Grund zur Freude, von der Paulus spricht, liegt außerhalb unserer selbst. Der Ruf: »Freut euch ...« wird getragen von der Zusage: »Der Herr ist nahe« (5). Das ist der entscheidende Grund zur Freude.

Wach sein

Diese Freude gilt, obwohl die Welt so ist, wie sie ist, obwohl die Kirche so ist, wie sie ist, obwohl wir so sind, wie wir sind. Sie erreicht uns gerade deshalb in der Tiefe unseres Seins, weil sie nicht aus uns selbst erwächst. Unsere Aufgabe ist es, wach zu sein, wenn die Sonne aufgeht. Wer auf den kommenden Herrn hofft und sich vom Frieden Gottes (vgl.7) gehalten weiß, der lässt sich nicht von Freudlosigkeit und Sorgen zerfressen, er begegnet anderen in Güte und bringt seinen Dank und seine Bitten vor Gott (vgl. 6).

Ein Brief aus der Gefangenschaft

Paulus sitzt im Gefängnis, als er diese frohe Botschaft an seine Lieblingsgemeinde in Philippi schreibt. Während sich ihm die Richter dieser Welt nähern, schreibt er: »Der Herr ist nahe« (5). Das ist der Dreh- und Angelpunkt seiner Zuversicht. Christus lassen wir nie hinter uns. Er ist immer vor uns und kommt uns entgegen. Er ist unterwegs zu uns. Er ist uns nahe, näher als alles andere. Darin gründet die Freude. Er ist das Ziel unserer Sehnsucht.

»Sorgt euch um nichts ...«

Wie kann Paulus das schreiben? Er hat doch allen Grund zur Sorge. Die Verurteilung zum Tod steht ihm bevor. Und dann schreibt er, von Mauern umgeben und vom Tod bedroht: »Sorgt euch um nichts« (6). Wie soll man das verstehen? Wir sorgen uns doch zu Recht um die Zukunft im Zeichen weltweiten Terrors und des Klimawandels. Und schließlich schleppt jeder von uns seinen eigenen Packen Sorgen mit sich herum, wenn die Arbeit nicht läuft, wenn Konflikte die Beziehungen belasten, wenn wir festgefahren sind. Paulus verdrängt die Sorgen und Ängste nicht, er spricht sie ausdrücklich an. Aber ihr Bann ist gebrochen. Die Wurzel des Übels ist ausgerissen: die Angst vor der Angst. Wer sich in Gottes Treue geborgen weiß, kann den Menschen trauen. Wer sich von Gott getragen weiß, hat Sorge und Angst überwunden.

Die Begegnung zweier Frauen

4. ADVENTSSONNTAG

Schrifttext: Lk 1,39–56[1]

Guter Hoffnung

Zwei Frauen treffen sich. Die eine hat jahrelang vergeblich auf ein Kind gehofft, die andere hat gar nicht damit gerechnet, Mutter zu werden. Und nun sind beide guter Hoffnung. Elisabet ist die eine der beiden. Sie ist verheiratet mit dem Priester Zacharias und schon hochbetagt, aber das Ehepaar hat keine Kinder. Elisabet ist nämlich unfruchtbar. Schon in der Ankündigung der Geburt Jesu wird sie erwähnt. Der Engel spricht zu Maria: »Siehe, auch Elisabet, deine Verwand-

1 Der Text ist um das Magnificat erweitert, das unbedingt zur Begegnung der beiden Frauen dazugehört. So ist es zutreffend beim Fest Mariae Heimsuchung (2. Juli) vorgesehen.

te, hat noch in ihrem Alter einen Sohn empfangen; obwohl sie als unfruchtbar gilt, ist sie schon im sechsten Monat. Denn für Gott ist nichts unmöglich« (1,36 f). Elisabet spricht bei der Begegnung das Segenswort über Maria. Sie erkennt, wer das ist, der durch Maria zur Welt kommen soll. Es ist der Herr, der Kyrios. Elisabet ist die Erste im Lukasevangelium, die Jesus als den Kyrios bezeichnet und damit ihr Glaubensbekenntnis spricht: »Wer bin ich, dass die Mutter meines Herrn zu mir kommt?« (1,43). Sie preist Maria selig ihres Glaubens wegen. Die stimmt daraufhin das Magnificat an.

Gotteslob

Man kann auf verschiedene Weise von Gott sprechen. Man kann über ihn diskutieren, man kann von seinem Wirken erzählen, und man kann sich einfach darüber freuen, dass er da ist und aus lauter Freude ein Lied anstimmen. Lieder lernt man kennen, indem man sie singt, weniger indem man sie spricht. Was ist schon das bloße Sprechen gegenüber dem Gesang? – Maria erlebt, dass bei Gott kein Ding unmöglich ist. Sie bricht in Jubel aus. Sie, die unbedeutende Frau aus der Provinz, ist von Gott geliebt und in Gott verliebt, einfach hingerissen. Das löst ihre Zunge, das lässt sie tanzen und singen: »Meine Seele preist die Größe des Herrn …«

Ein Lied aus der Tiefe

Manche mögen denken: Die hat gut singen, die ist fein raus. Was ist mit denen unter uns, denen die Töne im Halse stecken bleiben, denen das Leben den Mund verschlossen hat? – Der Gott, dem Maria ihr Lied singt, will nicht hoch hinaus, er will tief hinunter, er hat ein Herz für die Menschen, die am Boden liegen, für die Armen und Schwachen.

Die Situation ist Maria nicht fremd. Sie weiß aus eigener Erfahrung, was Niedrigkeit heißt, von der Niederkunft im Stall bis zur Gottesfinsternis unter dem Kreuz. Und doch singt sie, singt das Lied ihres Lebens in der Gewissheit, dass mit dem, was ist, das letzte Wort noch nicht gesprochen ist. Neues ist im Werden. Sie geht mit Gottes Sohn schwanger. Wer trotz aller schlechten Erfahrungen in ihr Lied einstimmt, der setzt auf das, was im Werden ist. Er setzt auf die Schwangerschaft, durch die Gott zur Welt kommt.

Revolutionär?

Das Lied Marias hat es in sich. Es ist ein Loblied auf Gott, der nicht alles so lässt, wie es ist. Er stellt die Welt auf den Kopf, oder besser gesagt: Er stellt sie wieder auf die Füße. Er zwingt die Gebeugten nicht in die Knie, er hilft ihnen, dass sie auf die Beine kommen, zum aufrechten Gang. Er erhöht die Niedrigen, er sättigt die Hungernden und stürzt die Hochmütigen vom Sockel. Maria entwirft in ihrem Lied das Bild einer befreiten Gesellschaft. Revolutionär in der Tat, aber anders als die üblichen Revolutionen. Die Potentaten werden nicht vernichtet, sondern entmachtet. Die Tyrannen werden nicht umgebracht, sondern entthront. Die Reichen werden nicht beiseitegeschafft, sondern gehen leer aus. Nichts von der Rache des kleinen Mannes! Wo Gott herrscht, da werden die Armen zu ihrem Recht kommen, da herrschen Gerechtigkeit für alle und Barmherzigkeit.

Ein Freiheitslied

Wer sein Leben und Glauben von diesem Freiheitslied her angeht, der lebt und glaubt anders als einer, der nur Katastrophen kommen sieht, wie Kirchenleute das gern tun. Glaube ist wie der Vogel, der singt, wenn die Nacht noch dunkel ist (Rabindranath Tagore). Er singt in der Nacht auf den Tag zu. Er hat die Hoffnung in der Kehle – wie Maria. Sie lädt uns alle ein, in ihr Lied einzustimmen, wenigstens schon mal mitzusummen. Es wird schon klingen, weil einige kräftige Stimmen dabei sind, die den Ton halten: Maria, Hanna – Frauen am Anfang unserer Hoffnungsgeschichte. Mit Frauen beginnt's.

»Komm, du Heiland aller Welt ...«

THEMATISCHE PREDIGT ZUM ADVENT

Eine verrückte Idee

In stillen Stunden geht mir bisweilen ein verrückter Gedanke durch den Kopf. Ich stelle mir vor: Was wir singen und beten, das geschieht tatsächlich. Wir rufen: »Komm, du Heiland aller Welt ...« (»Gotteslob«, 227), »komm, tröst uns hier im Jammertal« (231,4) – und er kommt in unsere Mitte, nicht nur in der heiligen Kommunion, sondern leibhaftig. Was dann? Sicher brächte er unseren Gottesdienst gründlich durcheinander. Wir könnten nicht einfach weitermachen, nicht mehr von seinem Kommen singen, denn er wäre ja da.

»Störe uns nicht ...«

Ob uns das so lieb ist, wenn er wirklich kommt? Wissen wir überhaupt, worauf wir uns einlassen mit dem »Komm, du Heiland aller Welt ...«, oder ist das gar nicht so ernst gemeint? Vielleicht sagen wir eher: Warte nur noch, so eilt's nicht. Wir kommen schon zurecht. – Fjodor Dostojewski entwirft in seinem Roman »Die Brüder Karamasow« eine Phantasiegeschichte: »Der Großinquisitor«. Ihm tritt Jesus leibhaftig gegenüber. Der Großinquisitor fährt Jesus an:

Warum bist du denn gekommen?
Störe uns wenigstens nicht vor der Zeit …
Geh weg und komm nicht mehr wieder …
Komm überhaupt nicht mehr wieder!
Niemals, niemals!

»Komm, Herr Jesus!« – »Komm überhaupt nicht mehr wieder!« Das ist unsere Glaubenssituation: manchmal eher: »Komm!«, manchmal eher: »Komm überhaupt nicht mehr wieder!« Beides steckt in uns dicht nebeneinander, der eine Ruf gegen den anderen. In dieser Spannung leben wir. »O Heiland, reiß die Himmel auf …, komm, tröst' uns hier im Jammertal.« Die Welt – ein Tal des Jammers!

Brutale Fakten

Während alles im vorweihnachtlichen Adventszauber versinkt, stehen brutale Fakten unerbittlich im Raum. Weltweit stirbt alle fünf Sekunden ein Kind unter zehn Jahren an Hunger. Alle drei Tage wird in unserem Land eine Frau ermordet. Der islamistische Terror hält uns in Atem. Und weiter: Die Atomwaffenbestände in Ost und West werden aufgerüstet. Die Biomasse der Insekten ist in den letzten 25 Jahren um 75 Prozent heruntergewirtschaftet worden. Die CO2-Steuer gegen den Klimawandel kommt viel zu langsam voran. Die Weltklimakonferenzen bringen nur magere Ergebnisse. »Da kann man nichts machen«, heißt es dann, und einer schiebt es auf den anderen. Es kann doch nicht wahr sein, dass wir uns mit dem himmelschreienden Unrecht abfinden! Wir können die Welt nicht zum Teufel gehen lassen. Möge Gott doch endlich überall zum Ziel bringen, was er mit Jesus begonnen hat. »Wo bleibst du, Trost der ganzen Welt?« *Komm, Herr Jesus* – dieser Sehnsuchtsruf war den frühen Christen so wichtig, dass sie ihn in ihrer aramäischen Muttersprache festgehalten haben: *Maranatha*.

Erwartungen an Jesus?

Manchmal frage ich mich: Was erwartest du noch? Hast du noch Erwartungen an Jesus? Ich spüre, wie meine kleine Welt an den eigenen vier Wänden endet und ich damit zufrieden bin, wenn es dort läuft, wie's halt läuft. Ich frage mich: Ist das alles? Das kann doch nicht alles sein! Ich sehe die Bibel vor mir, ein Buch voller Hoffnung, meinen Erwartungen unendlich weit voraus. Es mündet in den Ruf: »Komm, Herr Jesus!« (Offb 22,20). Ich spreche nach: Komm, Herr Jesus, zerbrich die Mauern meiner engen Grenzen.

Nicht vom Brot allein

Wie kann man in dieser Hoffnung leben und den Kopf nicht hängen lassen? Mir helfen dabei Menschen, deren Erwartung nicht in ihrer kleinen Welt aufgeht, die vom Brot allein nicht satt werden; die lieber mit großen Hoffnungen hungern und dürsten, als sich mit Banalitäten volllaufen zu lassen; Menschen, deren Erwartung nicht an den Grenzen unserer Zeit erlischt, die für unsere Zeit, für unsere Welt etwas erwarten; Menschen, die tatsächlich etwas von Jesus erwarten und daraufhin ihr Leben ändern; Menschen, die darauf warten, dass die Gottesherrschaft die Herrschaft der Herren und die Knechtschaft der Geknechteten beendet. Sie alle machen mir Mut. Mit ihnen rufe ich gegen die Hoffnungslosigkeit in mir und um mich herum: »Komm, Herr Jesus!« (Offb 22,20).

WEIHNACHTS-
ZEIT

Gott geht in die Knie

WEIHNACHTEN – IN DER HEILIGEN NACHT

Schrifttext: Lk 2,1–14

Auf Augenhöhe

Wenn eine Mutter oder ein Vater mit ihrem Kind spielen wollen, dann bleiben sie nicht stehen und geben von oben herab Anweisungen. Sie gehen in die Knie. Sie basteln eigens Laute und Wörter, die das Kind versteht. Warum machen sie das? Ist das nicht Kinderei? Das Kind hat doch viel mehr davon, wenn es die Eltern in ihrer vollen Größe vor sich stehen sieht, wenn es ihren Schutz erfährt. Gut! Doch wenn das Kind glücklich spielt oder im Unglück weint, dann gehen wir in die Knie. Wir lassen uns auf seine Situation ein. Wir möchten ihm unmittelbar in die Augen schauen. Wir werden klein, damit das Kind ganz groß werden kann.

Näher war Gott uns nie

So macht Gott das mit uns. Allmacht und Erhabenheit sind für ihn nicht alles. Er geht in die Knie. Er erlebt das Leben aus unserer Perspektive. »Ihr werdet ein Kind finden, das, in Windeln gewickelt, in einer Krippe liegt« (12). Windeln und Futtertrog sind die Zeichen, an denen man ihn erkennt. Jämmerlich – oder? Wir würden sagen: So kann man doch mit Anstand nicht geboren werden. Er wohl! Ein bedürftiges Kind ist nicht unbedingt ein überwältigender Gottesbeweis, für viele eher eine Zumutung. Und doch: Näher war Gott uns nie. Er kommt nicht als strahlender Held zur Welt, sondern als Kind wie unsereins. Wir, die wir nach dem Besonderen schielen, werden zurückgewiesen auf unser alltägliches Leben. Im Gewöhnlichen ist er zu finden, der ganz und gar Ungewöhnliche.

Von Mensch zu Mensch

Gott handelt nicht von oben herab. Er begegnet uns von Mensch zu Mensch. Ist das nicht unter seiner Würde? Nichts kann geheilt und erlöst werden, was nicht angenommen ist. Das ist das Geheimnis der Menschwerdung. Gott lässt sich auf unsere Situation ein. Er hat sich weit hinausgewagt in die Fremde. Er hat sich nicht nur weit aus seinem himmlischen Fenster herausgehängt, er ist bis zum Äußersten gegangen, bis in den letzten Stall, um auch die Letzten zu erreichen, die hergelaufenen Hirten – und schließlich auch uns. Ist das Schwäche? Das ist stark!

Der Weg in die Fremde

Damit ist für uns der Weg vorgezeichnet. Die Kirche bleibt nur dann die Kirche Jesu Christi, wenn sie sich wie er hinauswagt in die Fremde. Stimmt das denn, dass wir uns viel zu sehr auf die Welt einlassen? Sollen wir etwa neu damit beginnen, uns einzubunkern und abzuriegeln, um hinter verschlossenen Türen weiterzuglauben? Wenn wir uns immer nur absichern wollen vor der Welt, kommen wir schließlich gar nicht mehr in den Stall, wo die Geburt stattfindet – aus Angst, dass wir uns die Hände dreckig machen. Wer nicht in den Stall geht, verpasst die Menschwerdung Gottes. – Keine Frage, es gibt die Gefahr einer naiven modischen Anpassung und eines liberalistischen Minimalismus. Wer auf dieser Welle mitschwimmt, driftet ab. Im Pluralismus dient es niemandem, wenn alle zum Verwechseln ähnlich sind. Da muss man vielmehr Farbe bekennen – und dies nicht nur im Wort, sondern im Lebenszeugnis, mitten in der Welt, sozusagen im Stall. Den Stallgeruch können und dürfen wir gar nicht ablegen (vgl. Papst Franziskus). Seit Weihnachten können wir nicht mehr von Gott sprechen ohne die Welt, nicht mehr zu ihm kommen ohne die anderen.

Unbequem

Denke niemand, das sei der einfachere und bequemere Weg. Wer das sagt, hat keine Ahnung von dem, worum es hier geht. Wissen die, die sich einschlägig immer wieder zu Wort melden, denn überhaupt, was das heißt, sich hinauszuwagen in die Fremde, sich fremden Einsichten und Argumenten auszusetzen und mit Sachkenntnis und mit Argumenten für die Wahrheit des Glaubens einzustehen? Das geht an die Nieren. Wer sich darum bemüht, ist angefochten durch das, was er sieht und hört, wenn er sich auf die Abgründe des Lebens einlässt. Wie soll er das mit Gott zusammenbringen? Er ist herausgefordert, neue Einsichten und Erfahrungen in die Sprache des Glaubens zu bringen und in Taten der Liebe. Das geht durch uns hindurch, durch und durch.

Die Hirten

WEIHNACHTEN – AM MORGEN

Schrifttext: Lk 2,15–20

Die Engel sind weg

»Als die Engel von ihnen in den Himmel zurückgekehrt waren, sagten die Hirten zueinander …« (15). So beginnt das Evangelium am Weihnachtsmorgen. Also: Die Engel sind weg. Was nun? Aus der Traum? Ist Weihnachten vorbei? Ist alles beim Alten? Die Hirten haben die Engelbotschaft im Ohr. Sie sind nicht enttäuscht oder verdrossen, sie sind gewiss, dass der Himmel auf Erden zu finden ist. Für sie gibt es nur noch eins: Sie wollen sehen, was sich ereignet hat. Dass sie sich auf den Weg machen, ist kein einsamer Entschluss. Sie ermuntern einander: »*Lasst uns* nach Betlehem gehen, um das Ereignis zu sehen, das uns der Herr kundgetan hat!« (15).

In unserer Haut

Was finden sie in Betlehem vor? »Maria und Josef und das Kind, das in der Krippe lag« (16). – Was hat das mit Engeln und Himmel, was hat das mit Gott zu tun? Hier zeigt er sein wahres Gesicht. Er begegnet uns in einem hilflosen Kind. Er steckt in unserer Haut. Wir sagen oft: Ich möchte nicht in deiner Haut stecken. Gott hätte das auch sagen können, wahrhaftig. Er hat es nicht getan. Er steckt in unserer Haut. Weder kommt er von oben herab, noch sind wir ihm egal. Er ist ganz einfach mit uns. Auf Hebräisch heißt das: Immanuel. Weil er mit uns ist, ist er uns ganz nahe: all denen, die selbst hilflos sind und angewiesen auf Schutz und Wärme; all denen, die leicht übersehen werden und an denen man am liebsten möglichst schnell vorbeigeht; uns allen in unserer Zerrissenheit und unserem Hunger nach Leben.

Bewegung statt Sitzung

Wo ist eigentlich mein Platz in dieser Geschichte? Vielleicht bei den Hirten? Wer sich ihnen anschließt, bringt sich selber mit: neben allem, was ihn erfüllt, auch die Leere; neben allem Reichtum auch die Armut; das, was gelang, und das, was in die Brüche ging.

Von den Hirten heißt es hier: »So eilten sie hin …« (16). Das mag vielen zu schnell gehen. Wer kann schon mit ihnen Schritt halten, wenn der Glaube knapp geworden ist? Was für sie damals ein schneller Weg war, ist für uns eine lange Reise mit viel Gepäck. Unsere Schritte sind schwer geworden, und manches liegt quer und versperrt uns den Zugang. – Ich möchte mit den Hirten gehen. Ich möchte von ihnen lernen, dass kleine Schritte mehr bringen als große Worte. Ich möchte mich von ihnen bewegen lassen. Bewegung, das ist etwas anderes als »Sitzung«. Die beschäftigen uns stundenlang. Und man wird oft in quälenden Diskussionen den

Eindruck nicht los: Es bewegt sich nichts. Wird man von der Kirche unserer Tage sagen können: »Und sie bewegt sich doch!«? Bringt uns die Weihnachtsbotschaft auf die Beine, hin zu den anderen Menschen?

Die ersten Boten

Wir können von den Hirten lernen, dass es darauf ankommt, die Sache selbst in die Hand zu nehmen. Sie geben den Fall nicht an eine Kommission weiter. Die hätte getagt, Ausschüsse gebildet und wieder getagt, und schließlich hätte sie die Heilige Nacht vertagt oder verschlafen. So nicht! Die Hirten wissen sich selbst gerufen und gefordert. Was sie hören, erzählen sie weiter (vgl. 17 f). Sie werden zu Boten der Botschaft, die sie empfangen haben. Sie, die ganz einfachen Leute, die Nicht-Studierten, die Laien, sie sind die ersten Boten des Weihnachtsevangeliums in ihrer Alltagswelt. Gott braucht Zeugen, die mit ihrer Glaubenserfahrung nicht hinterm Berg halten. Erzählen wir, was wir glaubend erleben?

Im Alltag

»Die Hirten kehrten zurück, rühmten Gott und priesen ihn für das, was sie gehört und gesehen hatten« (20). Das Gotteslob erklingt im Alltag ihrer Welt. Dort sind sie von der Ankunft Gottes getroffen worden, dort erfüllt sich ihre Sendung. Ich wünsche mir, wir könnten etwas von diesem Lob in unseren Alltag rüberbringen. – Der spannendste Weg beginnt mit dem ersten Schritt. Den müssen wir selbst tun, hinein in unsere alltägliche Welt. Dort ist unser Platz, dorthin sind wir gerufen – aber nicht so, als sei nichts geschehen. Aus den Hirten sind keine Könige geworden, und doch hat sich bei ihnen etwas getan, wie bei Menschen, die dem Leben auf die Spur gekommen sind – in dem neugeborenen Kind. In ihm schenkt Gott uns allen einen neuen Anfang.

»Sonne der Gerechtigkeit …«

WEIHNACHTEN – AM TAG

Schrifttext: Joh 1,1–5.9–14

Heilige Nacht

Diese Zeit ist die dunkelste des Jahres mit den kürzesten Tagen und den längsten Nächten. Die Sonne steht auf dem Tiefpunkt. Wird sie von der Nacht verschluckt? Von alters her treibt Menschen die elementare Angst um, es könne ihnen das Licht ausgehen und die Wärme. Es wundert darum nicht, dass die Sonne vergöttlicht und kultisch verehrt wurde. Im alten Rom hat man die Sonnenwende am 25. Dezember als Fest der »Geburt des unbesiegten Sonnengottes« gefeiert: Römische Kaiser ließen sich als Sonnengott verehren. Kein Zufall also, dass die Christen, als sie die Geburt Jesu Christi zu feiern begannen, das Fest in diese Jahreszeit gelegt haben. Gott kommt in der finstersten Nacht zur Welt. »Das Licht leuchtet in der Finsternis …« (5). Nicht Sonnenkaiser und Sonnenkönige, Christus ist die »Sonne der Gerechtigkeit«. Welch eine Kühnheit und Glaubenskraft, den Himmelskörper aller Göttlichkeit zu entzaubern und ihn als Geschöpf zum Symbol der unbesiegbaren Ausstrahlung Christi zu wandeln! Das hat Geschichte gemacht.

Licht von innen

Die Krippendarstellungen alter Meister geben zu denken: Der Stall in der Nacht wird nicht von außen angestrahlt, das Licht kommt von innen. Das Kind in der Krippe strahlt aus wie eine Sonne. Da wird es mitten in der Nacht hell und warm – in den Nachtwanderungen unseres Lebens. Da wächst Zuversicht mitten in der Verzweiflung, Hoffnung im

Schatten des Todes. Davon spricht der leidgeprüfte Dichter Paul Gerhardt:

Ich lag in tiefster Todesnacht,
du warest meine Sonne,
die Sonne, die mir zugebracht,
Licht, Leben, Freud und Wonne …
(»Gotteslob«, 256,3)

Das wahre Licht

Es ist nicht nur die einzelne Person, der mit Jesus ein Licht aufgeht – die Lebensverhältnisse im Ganzen haben sich verändert. Die Armen wurden durch ihn ins Licht gerückt. Aus Fremden wurden Freunde. Kranke erhielten Pflege. Der Same wurde gelegt, dass Frau und Mann gleich gewürdigt und gleichberechtigt sind. Die ersten Christen waren es, die in Rom gegen die Aussetzung von Kindern und Kinderprostitution und für die Würde des Kindes Front machten. Die atemberaubende Ausbreitung des Christentums in der antiken Welt liegt wesentlich in der Botschaft von der gottgeschenkten Menschenwürde einer jeden Person begründet. Ja, »das wahre Licht, das jeden Menschen erleuchtet, kam in die Welt« (9). – Wissen wir, was wir der »Sonne der Gerechtigkeit« verdanken? Sie hat der Welt gutgetan. Welch eine Energie geht von ihr aus, welch ein anderes Klima! Was wäre die Welt ohne sie? Keine Frage: Wo Licht ist, ist auch Schatten. Das Christentum hat lange Schatten geworfen, bis heute! Aber man soll uns doch nicht weismachen wollen, es sei eine einzige Schattengeschichte. Das können nur Geschichtsblinde sich einreden lassen. Wir haben keinen Grund, uns zu verstecken. Wir dürfen uns nicht verstecken.

Auf der Kippe?

»Sonne der Gerechtigkeit, gehe auf zu unserer Zeit …« (»Gotteslob«, 481). – Wie ist das »zu unserer Zeit«? Geht sie auf oder geht sie unter? »Er kam in sein Eigentum, aber die Seinen nahmen ihn nicht auf« (11). Wird die »Sonne der Gerechtigkeit« in unseren Breiten kippen? Etwa in der Kirche? Wie wird die Welt dann aussehen? Werden wir zurückfallen in eine neuheidnische Vergleichgültigung des einzelnen Menschen und seiner Würde? Wo ist die Kraft, über den eigenen Tellerrand hinauszuschauen? Wo ist das Ziel, für das sich zu leben lohnt und sogar zu sterben? Es fehlt der heiße Atem der Leidenschaft. Das Leben ist nicht so flach wie ein Geldschein.

Erneuerbare Energie

Die Krise in unserer Gesellschaft und in der Welt ist eine Krise des Menschen. Wir haben vergessen, dass Gott zur Welt gekommen ist und in ihr Raum gewinnen will. Welcher Schaden entsteht dort, wo man faktisch ohne Gott auszukommen meint? Wo man die Kinder um Gott betrügt? Was ist, wenn Generationen heranwachsen, die das Gleichnis vom barmherzigen Samariter oder das Liebesgebot nicht mehr kennen? Wir haben viel zu verlieren! Wir sprechen viel von erneuerbarer Energie. Die liegt nicht nur im Wind oder in der Erde, sie steckt zu allererst in uns selbst. »Das wahre Licht, das jeden Menschen erleuchtet, kam in die Welt« (9).

Die Würde des Menschen

WEIHNACHTEN – AM TAG

Text: Tagesgebet

Unantastbar!

Lange bevor die Menschenwürde als unantastbar in Grundgesetz und Menschenrechte eingegangen ist, ist sie im christlichen Glauben grundgelegt und hat unsere abendländische Kultur geprägt. Das Tagesgebet am Weihnachtstag bringt es auf den Punkt, seit über 1500 Jahren: »Gott, du hast den Menschen in seiner Würde wunderbar erschaffen ...« Das ist das Erste, was zu sagen ist: Die Erschaffung der Welt und des Menschen sind das Urdatum unserer Existenz. Jede und jeder ist Gottes Ebenbild. Damit nicht genug. Das Zweite, das uns mit dem Gebet zugesprochen ist: »Gott, du hast den Menschen in seiner Würde wunderbar erschaffen *und noch wunderbarer erneuert* ...« Das ist Weihnachten. Gott gibt uns Teil an seiner göttlichen Natur, indem er Mensch wird. Mit anderen Worten: Er steckt in unserem Fleisch und Blut. Ob Frau oder Mann, schwarz oder weiß, Christ oder Nichtchrist, jede und jeder ist unwiderruflich von Gott gewollt und angenommen. Kann man Größeres vom Menschen sagen? Christen lassen sich von niemandem darin übertreffen, groß vom Menschen zu denken. »Christ, erkenne deine Würde!«, ruft Papst Leo der Große (5. Jahrhundert) der Gemeinde zu.

Würde statt Wert

Das sei gleich dazugesagt, damit Klarheit herrscht und nicht das Wischiwaschi einer wortreichen Wertefreudigkeit: Der Mensch hat nicht nur einen Wert, der Mensch hat seine Würde. Die ist von anderem Gewicht. Das Wort »Wert«

stammt vom Markt, aus der Ökonomie. Ein Produkt ist etwas wert, es hat seinen Preis. Man kann dieses Wort nicht einfach auf den Menschen übertragen. Immanuel Kant hat das klar formuliert: »Was einen Preis hat, an dessen Stelle kann auch etwas anderes ... gesetzt werden; was dagegen über allen Preis erhaben ist ... das hat eine Würde.« Die darf man nicht zu Markte tragen und darüber verhandeln. Die ist nicht austauschbar oder verfügbar. Sie ist nicht an Bedingungen geknüpft, sondern gilt unbedingt. Sie schützt davor, dass der Mensch Mittel zum Zweck wird. Das ist unter seiner Würde.

Neue Möglichkeiten - neue Verantwortung

An kaum einem anderen Punkt sind wir heute durch Wissenschaft und Gentechnik so herausgefordert wie hier. Das fundamental Neue an der Gentechnik ist dies: Der Mensch gestaltet und verändert nicht mehr nur seine Umwelt - er legt Hand an sich selbst. Neue Möglichkeiten erfordern neue Verantwortung, vor Gott und vor der Würde des Menschen. Alles steht auf dem Spiel, wenn's ums Leben geht, erst recht, wenn's *ans* Leben geht. Kann man nach Belieben in Fortpflanzungsprozesse eingreifen? Schließlich »erschaffen« Eltern ihre Kinder nach ihrem eigenen Bild, als Spiegelbild ihrer Wünsche und Träume. Ebenbild von Menschen oder Gottes Ebenbild - das ist ein himmelweiter Unterschied. »Ebenbild Gottes« garantiert Kindern die Freiheit, ein Original zu sein, keine Kopie. »Ebenbild Gottes« schenkt dem Menschen die Freiheit, er selbst zu sein und es immer mehr zu werden, seinen eigenen Weg zu gehen. »Du sollst dir kein Bildnis machen von Gott, deinem Herrn, und nicht von den Menschen, die seine Geschöpfe sind« (Max Frisch, »Andorra«).

Selektion

Die verfeinerten Methoden der vorgeburtlichen Früherkennung sind eine zweischneidige Sache. Auf der einen Seite erhöhen sie die Heilungschancen, auf der anderen Seite fördern sie die Tendenz, nicht nur nach den Schwächen eines Kindes zu fahnden, sondern nach den Schwachen, etwa den behinderten Menschen. Sie werden umgebracht. Wer heute noch ein erbkrankes Kind zur Welt bringt, ist dann »selber schuld«. Die Auswahl zwischen »wertvollen« und »unwerten« Kindern ist unter der Würde des Menschen. In der Zeit der braunen Diktatur sprach man verharmlosend von Selektion.

Wohin denn der Mensch?

»Gott ist tot«, ruft der »tolle Mensch« in Nietzsches »Fröhlicher Wissenschaft«. Was aber »ist«, wenn Gott tot ist? Der Schrei »Wohin ist Gott?« findet bei Nietzsche ein Echo, das nachdenken lässt. Es lautet: »Wohin denn der Mensch?« Diese Frage stellt sich heute in aller Schärfe: Wohin geht der Mensch, wenn er sich von Gott verabschiedet hat? Geht er zum Teufel? Er wird heute immer mehr sein eigenes Experiment. Alles wird technisch produzierbar, am Ende auch der produzierende Mensch. Er produziert sich selbst. Wer dem widerstehen will, der kann das, wenn es zum Schwur kommt, nur im Namen Gottes. Die Würde des Menschen hat nur *einen* Fels, der in der Brandung standhält: Gott!

»Mehr als Worte sagt ein Lied …«

SONNTAG IN DER WEIHNACHTSOKTAV –
FEST DER HEILIGEN FAMILIE

Schrifttext: Kol 3,12–17

Zeit des Singens

Es gibt wohl kaum eine Zeit im Jahr, in der so viel musiziert und gesungen wird wie zu Weihnachten. Wer jetzt nicht singen kann oder will, ist arm dran. Weihnachtszeit ist Zeit des Singens. Überall erklingen vertraute Melodien, seien es einfache Kirchenlieder oder anspruchsvolle Kantaten. Die Botschaft, die sie verkünden, mag ungehört bleiben. Vielleicht wissen viele, die leise mitsummen und sich an Kindertage erinnern, kaum noch, worum es geht. In den alten Klängen und Texten jedoch lebt die christliche Botschaft fort. »Jauchzet, frohlocket! Auf, preiset die Tage …« So setzt der Chor in Bachs Weihnachtsoratorium ein. Warum sind diese Tage zu preisen? Das sagt uns die Lesung des heutigen Tages kurz und bündig: Ihr seid »Erwählte Gottes, Heilige und Geliebte … Vor allem bekleidet euch mit der Liebe, die das Band der Vollkommenheit ist!« (12.14). Das ist das Geheimnis von Weihnachten: Gott liebt uns so sehr, dass er Mensch wird, einer von uns.

Geliebt

Da sagt ein Mensch zum anderen: ›Du, ich liebe dich!‹ Erklären Sie das. Das ist nicht zu begreifen, davon kann man sich nur ergreifen lassen. Dann ist man ergriffen. Wenn das geschieht, wird ein Fest gefeiert und gesungen. Das ist das Beste, was wir tun können, dass wir eigentlich gar nichts mehr tun, sondern einfach feiern und uns freuen, dass es so etwas gibt, dass es das Geheimnis der Liebe gibt. – Und wenn Gott sagt: ›Du Mensch, ich liebe dich‹ – sollen wir das erklären? Ich sage in aller Offenheit: Das kann ich nicht erklären; nicht in der elenden Verlegenheit, die vor den Skeptikern kapituliert und vor den allzu Aufgeklärten in die Knie geht, sondern ich bekenne das angesichts der Unbegreiflichkeit Gottes. Wie in aller Welt sollen wir das erklären, dass Gott uns liebt? Das ist nicht zu fassen. Davon kann man sich nur ergreifen lassen. Wo das geschieht, da feiern wir ein Fest und singen: »Auf, preiset die Tage ...« Das Gotteslob kann nur erklingen, wenn wir nicht mehr nur danach fragen, was es uns bringt, sondern wenn wir uns einfach darüber freuen, dass er zu unserem Heil Mensch geworden ist.

Lob Gottes

Das Wort Christi kommt nicht armselig und mickrig daher, es soll »mit seinem ganzen Reichtum« bei uns wohnen. »Singt Gott Psalmen, Hymnen und geistliche Lieder in Dankbarkeit in euren Herzen!« (16). Eine Melodie, ein Lied dienen nicht als schmückender Rahmen eines im Wesentlichen sprachlich vermittelten Wortes Gottes, sie sind vielmehr dessen zentraler Ausdruck. Wir singen und jubeln, weil die Geburt Jesu in der Welt und Gottes Geschichte mit den Menschen ein einziges Liebeslied sind, ein Wunder, das den ganzen Menschen umfasst: Seele und Leib, Herz und Verstand. Wie könnte dieses Wunder besser nachempfunden werden als in Liedern? Was könnte die Herzen besser öffnen für ihre Mitgeschöpfe als dieses Liebeslied? Das Singen aus dankbarem Herzen ist nicht nur eine selbstgenügsame Gemütsbewegung – es stiftet dazu an, Gottes menschenfreundliches Erbarmen weiterzusagen, auch den religiös Unmusikalischen. »Singt ... in Dankbarkeit in euren Herzen!« (16). Wovon das Herz voll ist, davon wird der Mund überfließen.

Die Engel singen hören

Das Weihnachtslied, das für alle Zeiten den Grundakkord von Weihnachten angibt, stammt nicht von Menschen. Nach der Überlieferung des Lukas (vgl. 2,8–14) haben Engel das Evangelium der Heiligen Nacht verkündet. »Heute ist euch in der Stadt Davids der Retter geboren ...« (11). Seine Geburt auf Erden ist ein Geschenk des Himmels. Das will uns dieses älteste Weihnachtslied sagen: Ihr, die ihr alles selbst machen wollt, die ihr schließlich in eurer eigenen Leistung das Heil sucht und euch dabei heillos überhebt, begreift doch: Das Heil könnt ihr nicht machen. Der Heiland ist nicht euer Werk, er ist euch geschenkt. »Heute ist euch in der Stadt Davids der Retter geboren ...« Er kommt nicht *aus* uns, sondern *zu* uns. Wir verdanken ihn Gott.

Wer keine Musik kennt, meint vielleicht, ohne sie entbehre er nichts. Wer einmal auf den Geschmack gekommen ist, der kann ohne sie nicht mehr leben. Wer gibt den Ton an für die Melodie meines Lebens? Gibt es so etwas wie einen Notenschlüssel? Ist Christus dieser Notenschlüssel für meine Lebensmelodie? »Heute ist euch der Retter geboren ...« Seine Geburt ist ein Präludium für das ewige Leben. Das ist intoniert, mitten in unserem Leben.

Ein gesegnetes neues Jahr

NEUJAHR

Schrifttext: Num 6,22–27

Der Neujahrswunsch

Was wünschen wir uns zu Beginn des neuen Jahres? »Gesundheit«, sagen die meisten und fügen hinzu: »Das ist das Wichtigste!« Ist das so? Oder gibt es noch Wichtigeres?!

Mancher wagt den alten Wunsch: »Ein gesegnetes neues Jahr.« Das entspricht der ersten Lesung des Neujahrstages: »Der Herr segne dich und behüte dich …« Was bedeutet das, Gottes Segen zu erbitten? Der Segen ist nicht irgendein religiöser Brauch. Er ist die Grundgeste des jüdisch-christlichen Glaubens.

Glaube statt Selbstbespiegelung

Zu einem Rabbi kommt ein Schüler und fragt ihn, was Glauben sei; der Rabbi führt ihn zum Fenster und fragt: »Was siehst du da?« Der Schüler antwortet: »Menschen, Häuser, Bäume …« – Der Rabbi führt ihn zu einem Spiegel und fragt ihn: »Was siehst du jetzt?« Der Schüler antwortet: »Jetzt sehe ich mich selbst.« – »Siehst du«, sagt der Rabbi, »wenn du dein Leben lässt, wie es ist, dann schaust du hindurch auf die ganze Welt bis zu ihrem Schöpfer; ist dir aber das Glas nicht genug und legst du nur ein bisschen Silber auf, dann siehst du nur noch dich selbst.« Wer glaubt, der geht davon aus, dass wir im Weltall nicht allein auf uns gestellt sind. Gott ist da als unser Gegenüber. Wir stehen nicht vor einem Spiegel, sondern vor *ihm* und bitten ihn um seinen Segen: »Der Herr segne dich und behüte dich.«

Geborgen

»Der Herr lasse sein Angesicht über dir leuchten …« Dieser alte Segenswunsch nimmt die elementare Erfahrung des Kindes auf, über dem das Angesicht des Vaters und der Mutter »leuchten«. Sie stehen abends am Bett ihres Kindes und wünschen ihm eine gute Nacht und alles Glück des Lebens. Und zugleich deuten sie an: Wir können nicht immer bei dir sein. Wir lassen dich jetzt allein. Aber auch wenn das Licht erloschen ist, musst du keine Angst haben. Gott behütet dich. Er lässt sein Angesicht über dir leuchten. Sein Gesicht bekommt der Mensch nicht, indem er in den Spiegel schaut und sich selbst bespiegelt, sondern indem er sich von Gott anschauen lässt und dadurch Ansehen bekommt, Würde.

Gelassenheit

Der Segen nennt Gott ausdrücklich beim Namen. Er redet nicht drumherum. »Der Herr segne dich …« Sein heiliger Name ist über uns angerufen. Wer sich zu Gott bekennt, braucht nicht selber Gott sein zu wollen und sich wie ein Herrgott zu gebärden. Der Gotteskomplex löst sich. Der Mensch darf Mensch bleiben und sich von Gott segnen lassen. Der Segen schlägt die Brücke des Glaubens zum Alltag. Er wirkt draußen, wo es ums leibhaftige Leben geht, wo wir gefordert sind in unseren Aufgaben und Verantwortungen. Die sind nicht durch einen »frommen Wunsch« zu erledigen. Aber wir können sie so oder so angehen. Es ist ein Riesenunterschied, ob ich durch die Geschehnisse des Lebens das Angesicht Gottes sehe oder ob ich mich selbst bespiegele. Ich muss mich nicht mit mir und meiner Leistung begnügen. Ich darf mehr erhoffen. Das nimmt mir den Druck, mich selbst durch meine Leistung rechtfertigen zu müssen. Ich bin nicht gnadenlos zum Erfolg verurteilt, sondern kann aufatmen. Das lockert, weitet. Es schenkt mir eine tiefe innere Gelassenheit.

Die Hand drüberhalten

»Der Herr segne dich und behüte dich …« Bei diesem Wunsch breiten wir die Hände aus, wie wenn Gott seine Hand über uns hält. Das ist Segen. Jeder weiß, was das bedeutet, wenn jemand seine Hand über uns hält. Kinder wissen das am allerbesten. Wenn der Vater oder die Mutter die Hand darüberhalten, dann kann ihnen so leicht nichts passieren. Das ist wie ein Dach überm Kopf und über der Seele.

Da weiß man, wo man hingehört. Gott hält seine Hand über uns. Dietrich Bonhoeffer dichtete Silvester 1944 im Gefängnis:

Von guten Mächten wunderbar geborgen,
erwarten wir getrost, was kommen mag.
Gott ist mit uns am Abend und am Morgen
und ganz gewiss an jedem neuen Tag.

»Im Anfang ...«

2. SONNTAG NACH WEIHNACHTEN

Schrifttext: Joh 1,1–5.9–14

Gottes Wort

»Im Anfang war das Wort ...« (1). Damit fängt's an, und zwar nicht nur an Weihnachten, sondern überhaupt: »Alles ist durch das Wort geworden ...« (3), die ganze Schöpfung. In der Schöpfungserzählung (Gen 1) heißt es immer wieder: »Gott sprach ...« Durch sein wirkmächtiges Wort entstehen die einzelnen Geschöpfe bis hin zum Menschen. Die Schöpfungserzählung korrespondiert also mit dem Anfang des Johannesevangeliums. Gott hat sein Wort gesprochen: Kein Allerweltswort, es hat einen Namen: Jesus Christus. Sein Wort ist eingegangen in unser Fleisch und Blut: »Und das Wort ist Fleisch geworden ...« (Joh 1,14).

Tat statt Wort?

In Goethes »Faust«, dem Inbegriff des neuzeitlichen Bewusstseins, findet sich diese erregende Szene: Faust sitzt in seiner Studierstube und will den Anfang des Johannesevangeliums ins Deutsche übersetzen. »Im Anfang war das

Wort«, das missfällt ihm. »Ich kann das Wort so hoch unmöglich schätzen, ich muss es anders übersetzen.« Er überlegt hin und her, bis er's hat: »Auf einmal sehe ich Rat und schreibe getrost: Im Anfang war die Tat.« Unmittelbar danach erscheint Mephisto auf der Bühne. Der Teufel ist los, wenn die Welt ein Produkt der eigenen Tat wird, wenn der Mensch sich selbst produziert. »Hier sitz' ich, forme Menschen nach meinem Bilde ...« (Prometheus). Ist der Mensch ein Ebenbild seiner selbst oder Ebenbild Gottes?! Das ist die Frage.

Empfangene

»Im Anfang war das Wort ...« Im Evangelium steht also ausdrücklich das Wort am Anfang, Gottes machtvolles Wort. »Das Wort ist Fleisch geworden« (14), es ist eingegangen in unser Fleisch und Blut. Es hat Hand und Fuß bekommen, ein Gesicht, einen Namen: Jesus Christus. An ihm scheiden sich die Geister. Das Evangelium macht sich und uns da gar nichts vor. »Er kam in sein Eigentum, aber die Seinen nahmen ihn nicht auf« (11). Denken Sie an die Geburt Jesu im Stall, an die Flucht nach Ägypten. »Die Seinen nahmen ihn nicht auf ...« – Aber das ist nicht alles, was uns gesagt wird. Vielmehr heißt es weiter: »Allen aber, die ihn aufnahmen, gab er Macht, Kinder Gottes zu werden, allen, die an seinen Namen glauben, die nicht aus dem Blut, nicht aus dem Willen des Fleisches, nicht aus dem Willen des Mannes, sondern aus Gott geboren sind« (12 f). Nicht, nicht, nicht ... Dreimal dieses »nicht«: nicht aus der eigenen Tat; nicht aus dem eigenen Trieb; nicht aus der naturwüchsigen Kraft. Vielmehr sind Menschen gemeint, die sich Gott verdanken, die wissen, dass sie von Anfang an Empfangene sind und es bleiben. Wer das als die Wahrheit seines Lebens erkennt und bekennt, ist davon befreit, sich selbst produzieren zu müssen, er ist wie neu geboren, »aus Gott geboren« (13).

Ein Weihnachtsspiel aus dem Zweiten Weltkrieg

Am 24. Dezember 1940 wird in einem Kriegsgefangenenlager bei Trier ein Weihnachtsspiel aufgeführt. Sein Autor ist ein Gefangener, der Philosoph und bekennende Atheist Jean-Paul Sartre. Er schreibt eine Geschichte, die – wie er sagt – die »weiteste Einheit« zwischen Christen und Ungläubigen zum Ausdruck bringen soll. Das Stück trägt den Titel »Bariona« und schildert die Not der jüdischen Bevölkerung unter dem Joch der Römerherrschaft. So ausweglos erscheint die Situation, dass Bariona von seinen Landsleuten verlangt, dass keine Kinder mehr geboren werden, ihre Zukunft sei ja doch der sichere Tod. Da kommt das Gerücht auf, in Betlehem sei ein ganz ungewöhnliches Kind geboren. Manche halten es für den ersehnten Messias. Bariona (Sartre) schüttelt den Kopf, er kann es nicht glauben. Aber tief in seinem Innern lebt ein Traum. Er sagt: »Wenn ein Gott für mich Mensch würde, für mich, liebte ich ihn, ihn ganz allein. Es wären Bande des Blutes zwischen ihm und mir, und für das Danken reichten alle Wege meines Lebens nicht.«

»Wenn ein Gott für mich Mensch würde ...« – »Und das Wort ist Fleisch geworden und hat unter uns gewohnt und wir haben seine Herrlichkeit geschaut, die Herrlichkeit des einzigen Sohnes vom Vater, voll Gnade und Wahrheit« (14). Da sind Bande des Blutes zwischen ihm und uns. Und alle Wege unseres Lebens reichen nicht für das Danken.

Sie hatten seinen Stern gesehen …

ERSCHEINUNG DES HERRN

Schrifttext: Mt 2,1–12[1]

Eingeschlafen

Sie hatten seinen Stern gesehen, die drei. Doch das war lange her. Der Stern hatte sie vom Stuhl gerissen. Sie waren aufgebrochen, hatten sich auf den Weg gemacht. Doch den hatten sie sich ganz anders vorgestellt: geradliniger und zielstrebiger, nicht über Rom und Autun (Burgund), sondern direkt nach Betlehem. Und nun liegen sie da und schlafen, alle drei unter einer Decke. – Man kann ja auch wirklich müde werden und resignieren, denn ständig kommt etwas dazwischen: römische Verlautbarungen, Missbrauchsskandal und dann schließlich die allgemeine Lage in der Kirche. Von den immer gleichen Problemen bei der Zusammenlegung von Pfarreien gar nicht zu reden: Die Leute in der Gemeinde wollen einfach nicht mitziehen und ewig alles beim Alten lassen.

Ohne Vision

Sie hatten seinen Stern gesehen, die drei. Doch das war einmal. Der eine war müde geworden, der andere war frustriert und der dritte war einfach sauer und wütend zugleich. Und alle drei hatten sie Blasen an den Füßen und waren lahm. Sie gingen weiter, weil sie halt mal gegangen waren, der Macht der Gewohnheit folgend, nicht aus eigenem Antrieb. Die Vision des Aufbruchs war längst auf der Strecke geblieben. Über den Stern redeten sie schon lange nicht mehr mit-

1 Die Idee zur Predigt und manche Formulierungen verdanke ich Andreas Unfried. Foto: Wikipedia Commons / Cancre

einander; das Gespräch darüber war versickert. Andere Themen hatten sich aufgedrängt: Was sich alles bei den anderen ändern müsste und was einem alles nicht passt, überhaupt und so. Sie wollten einfach nur noch schlafen.

Der Engel

Wenn da nicht dieser Engel wäre, der die drei Schlafenden energisch anstupst. Er zeigt auf den Stern. Entschuldigt, sagt er, wenn ich störe, da war doch noch etwas. Da war doch ein Stern, erinnert euch! Der hatte euch vom Stuhl gerissen und aus den Matratzen. Ihr habt euch auf den Weg gemacht. – Ja, ja, schon gut, sagt der eine unter der Decke und macht nicht mal die Augen auf. Stern, Engel – da kann ja jeder kommen. Er dreht sich um und schläft weiter. Lass mich in Ruhe mit dem Stern, sagt der andere. Ich bin in meinem Leben schon vielen Sternen nachgelaufen. Ich habe schon so viele Aufbrüche zusammenbrechen sehen, von kirchlichen Instruktionen ausgebremst. Verschone mich mit dem Stern. Ich hab meine Decke, basta! Einer von den dreien hat die Augen aufgemacht. Nicht dass er den Stern noch im Blick hätte. Er schaut in eine ganz andere Richtung. Aber die Augen hat er immerhin aufgeschlagen. Der Engel stößt ihn an: Schau mal, der Stern! Du brauchst bloß den Kopf zu drehen. Ganz nah ist er bei dir, der Stern. – Die drei bleiben liegen. Mensch Engel, was nun? Ziehst du den dreien die warme Decke weg? Sie werden dich zum Teufel wünschen und sich endgültig dorthin verkriechen, wo niemand sie stört.

Noch ist nicht aller Tage Abend

Es gab einmal den Tag, da haben wir seinen Stern gesehen, da hat's uns von den Stühlen gerissen, und wir sind aufgebrochen. Und schließlich sind wir immer noch dabei, wie auch immer. Mag sein, dass wir uns zur Ruhe gesetzt oder gelegt haben und denken: Sternzeiten, das war einmal, das ist lange her. Aber noch sind – hoffentlich – die Augen offen, und irgendwie, lahm oder angeschlagen, sind wir immer noch auf dem Weg. Ganz tief im Herzen ahnen wir vielleicht, dass der Stern uns gar nicht so fern ist. Wenn uns doch nur ein Engel anstoßen würde: Schau her, mach die Augen auf! Der Stern ist ganz nah.

Von den drei Weisen heißt es im Evangelium, dass sie auf dem Weg geblieben sind. Mehr noch: Sie haben sich von Herodes nicht länger aufhalten lassen. Schließlich sind sie noch rechtzeitig angekommen in Betlehem, alle drei. – Noch ist nicht aller Tage Abend, das neue Jahr fängt gerade erst an. Man soll die Hoffnung nicht aufgeben, mit der Kirche nicht, mit unserer Gemeinde nicht, und nicht – jede und jeder – mit sich selbst.

»Der Himmel geht über allen auf …«

TAUFE DES HERRN

Schrifttext: Lk 3,15 f. 21 f

Die Initiation

Wir stehen am Anfang:

- am Anfang des neuen Jahres,
- am Anfang des Alltags nach der Festzeit,
- am Anfang des Auftretens Jesu in der Öffentlichkeit.

Jesus begegnet uns nicht mehr als Kind in der Krippe, auch nicht als Zwölfjähriger im Tempel; er tritt auf als erwachsener Mann, der sich vom Täufer Johannes taufen lassen will. Warum eigentlich? Er ist doch der Sohn Gottes. Er hat's also gar nicht nötig, sich taufen zu lassen. Warum macht er das? Das ist Jesus! Er beansprucht keine Privilegien. Er stellt sich in eine Reihe mit allen anderen: »Es geschah aber, dass sich zusammen mit dem ganzen Volk auch Jesus taufen ließ« (21), betont der Evangelist.

Unter offenem Himmel

Doch das ist nicht alles, was von Jesus zu sagen ist. Die Taufe ist der Auftakt zu seinem öffentlichen Wirken. Dadurch wird vorweg deutlich, in welchem Horizont er zu sehen ist. Gottes Welt bricht ein in die Welt der Menschen. Drei Zeichen offenbaren das.

- Der Himmel öffnet sich, reißt auf. – »Hättest du doch den Himmel zerrissen und wärest herabgestiegen …«, so hatte Israel zu Gott geschrien (Jes 63,19). »O Heiland, reiß die Himmel auf …« singen wir im Advent (»Gotteslob«, 231). Hier nun, bei der Taufe Jesu, reißt der Himmel auf, er ist nicht länger verschlossen. Über Jesus ist der Himmel offen.

- Gott kommt herab durch seinen Geist »in Gestalt einer Taube« (22). Derselbe Geist, der am Anfang der Schöpfung wirkt (Gen 1,2), eröffnet die neue Schöpfung. Durch Jesus bricht der Geist in die Welt ein. In seinem Leben zeigt sich, wes Geistes Kind er ist.
- Die Erzählung ist ganz auf die Stimme Gottes ausgerichtet. Er eröffnet mit seiner Proklamation das Evangelium. In ihm geht es allein darum, zu zeigen, wer dieser Jesus ist. Es wird die Wahrheit über Jesus ans Licht bringen: »Du bist mein geliebter Sohn« (22). Er ist der geliebte Sohn Gottes.

Das Kennzeichen der Christen

Die Evangelien sprechen nicht davon, dass Jesus getauft hat. Das ist eher unwahrscheinlich. Umso verwunderlicher ist es, dass die Taufe schon bald nach Ostern zum entscheidenden Kennzeichen der Christen wird. Wie ist das zu erklären? Nicht weil Jesus getauft *hat,* sondern weil er getauft *worden ist,* tauft die Kirche. Bei aller Einmaligkeit und Besonderheit der Taufe Jesu zeigt sich an ihr, was die christliche Taufe bedeutet:

- Mit Christus stehen wir unter dem offenen Himmel.
- Durch ihn empfangen wir seinen Geist, den Heiligen Geist.
- Gott sagt bei der Taufe Jesu: »Du bist mein geliebter Sohn«. Das sagt er auch bei unserer Taufe: Du bist mein geliebter Sohn, du bist meine geliebte Tochter. Wir sind Kinder Gottes. Wir dürfen Gott unseren Vater nennen (vgl. »Vater unser«). Jesus ist unser Bruder. Durch ihn sind wir untereinander Schwestern und Brüder, Geschwister. Das ist eine Konsequenz aus unserer Taufe.

Vor allen oft fragwürdigen Stufungen, die sich im Laufe der Jahrhunderte in der Kirche herausgebildet haben, gilt diese Grund-Gegebenheit von der Taufe her: Wir sind Schwestern und Brüder.

Ein Original

Das macht unsere Taufe aus. Wir sind nicht mit allen Wassern gewaschen, sondern mit einem bestimmten Wasser, das uns in der Taufe zufließt. Wir sind reingewaschen durch das Bad der Wiedergeburt. Zugleich zeigt die Taufe, dass wir Söhne und Töchter Gottes sind. Damit garantiert sie unsere Einmaligkeit und Originalität. – Am Ende sprach Rabbi Sussja: »In der kommenden Welt wird man mich nicht fragen: Warum bist du nicht Mose gewesen? Man wird mich fragen: Warum bist du nicht Sussja gewesen?« Jeder ist ein Unikat, ein Original. Das muss in unserem Leben sichtbar werden.

FASTENZEIT

Der Teufel ist los

1. FASTENSONNTAG

Schrifttext: Lk 4,1–13

Sich annehmen

Kennen wir uns eigentlich selbst? Wissen wir, wer wir sind? Das Allernaheliegendste ist zugleich wohl das Allerschwierigste: zu sich selbst zu kommen, nicht vor sich zu fliehen in alle möglichen Kontakte und Medien, sondern sich auszuhalten. Um die Wahrheit des eigenen Lebens zu ergründen, müssen die fremden Stimmen schweigen. »Alles Unglück der Menschen liegt darin begründet, dass sie unfähig sind, in Ruhe in ihrem Zimmer zu bleiben« (Blaise Pascal). Je weniger jemand mit sich im Reinen ist, desto mehr wird er vor sich weglaufen. Dabei käme es darauf an, sich anzunehmen. Ohne das gibt es weder Heilung noch Heil.

In der Wüste

Sehr zutreffend kann man den Raum unverstellten Lebens »Wüste« nennen; denn hier ist nicht mehr als das eigene Leben unmittelbar vor Gott. Die Wüste ist ein Ort der Bewährung, wie eine Stunde der Wahrheit. Mit ihrer trockenen Hitze schält sie den Lebewesen alles Überflüssige vom Leib, bis nur das bleibt, was zum Leben unerlässlich ist. Sie ist, sagen die Araber, der Garten, in dem Gott spazieren geht, also ein Raum letzter Fragen, auch für Jesus: Wer bin ich eigentlich? – Die Erzählung beginnt mit dem Hinweis auf die Fülle des Geistes, die Jesus in der Taufe (3,22) zuteilwird und sich in seiner ersten Predigt, einer Art Grundsatzerklärung in der Synagoge in Nazaret, offenbart (4,14.18 f). Jesus geht also seinen Weg unter der Führung des Geistes Gottes.

Nicht vom Brot allein ...

Die erste Versuchung zeigt, wie Jesus am Ende der 40 Tage in der Wüste, wie Lukas unterstreicht, extremen Hunger leidet. Der Teufel fordert ihn auf, das Mannawunder zur eigenen Sättigung zu erneuern und aus Steinen Brot zu machen. Das wäre reine Magie. Jesus lehnt ab. Es ist, als könne er nicht aus eigener Kraft widerstehen, sondern unter Berufung auf Gottes Wort (vgl. Dtn 8,3).

Alle Reiche des Erdkreises ...

Der Teufel bietet Jesus »alle Reiche des Erdkreises« an, »wenn du dich vor mir niederwirfst und mich anbetest« (Lk 4,5–7). Für einen Kniefall die ganze Welt! Alle Reiche der Ökumene – im Hintergrund steht das römische Imperium. Jesus wird versucht, sich als politischer Messias zu verstehen. In dieser Versuchung steht auch die Kirche, wie ihre Geschichte nur allzu deutlich zeigt. Wie oft hat sie sich von der politischen Macht missbrauchen lassen: der Kniefall vor den Herren und Herrschaften dieser Welt! Die Versuchung zielt ab auf eine satanische Umkehrung des Sendungsauftrages Jesu und der Kirche. Jesus soll von Anfang an in den Schoß fallen, was durch das Kreuz hindurch zu erleiden ist: die Macht und Herrlichkeit des Ostersieges. – Jesus beruft sich wieder auf die Schrift: »Vor dem Herrn, deinem Gott, sollst du dich niederwerfen und ihm allein dienen« (Dtn 5,9; 6,13). Der wahre Herrscher über die Menschen ist nicht der Mensch, sondern Gott. Damit hört der Kniefall vor dem Teufel und seiner Macht auf: Es gibt eine Freiheit, die einzig aus dem Glauben kommt, dass Gott allein die Macht gebührt. Alfred Delp schreibt im Gefängnis: »Brot ist wichtig, Freiheit ist wichtiger, am wichtigsten sind ungebrochene Treue und unverratene Anbetung.«

Auf der Zinne des Tempels

Der Teufel sagt zu Jesus: »Stürz dich von hier hinab« (Lk 4,9), ›du musst dich doch auf den Schutz der Engel verlassen können. Wie willst du es wagen, im Namen Gottes zu sprechen und dein Leben einzusetzen, wenn du keinen handfesten Beweis hast, dass Gott dich trägt? Mach die Probe aufs Exempel!‹ Jesus lehnt ab. Gott lässt sich nicht als Beweismittel missbrauchen. Solch garantierter Glaube wäre in Wirklichkeit Unglaube. Wunder sollen dem Glauben dienen, nicht der Selbstbestätigung. – Der Satan selbst gibt sich ganz fromm und an Gottes Wort orientiert. Im Gewande der Frömmigkeit lauert die Versuchung, Gott für die eigenen Interessen magisch einzusetzen. Man kann das, was Gott den Menschen sein und sagen möchte, auf diabolische Weise verdrehen, unter völliger Beibehaltung des Wortlauts. Da zeigt der Götze sein wahres Gesicht.

In allen drei Versuchungen beruft Jesus sich auf Gottes Wort. Damit zeigt er klare Kante. Der Teufel hat keine Chance und lässt – vorläufig jedenfalls – von ihm ab. In Jerusalem beginnt der Kampf gegen den Satan; dort kommt es dann später (in der Passion) zu seiner endgültigen Überwindung.

Verklärt

2. FASTENSONNTAG

Schrifttext: Lk 9,28–36

Klärung

Erklärung – Verklärung; nur ein Buchstabe unterscheidet die beiden Wörter. Und doch stehen sie für ganz verschiedene Wege, die Wirklichkeit zu erfassen. Unser Intellekt ist auf Erklärung aus. Das neuzeitliche Denken geht davon aus, alles sei zu erklären und müsse erklärt werden. Irgendwie sind wir alle davon angesteckt. Wer diesen Weg absolutsetzt, der wird den Kopf schütteln oder müde lächeln, wenn von Verklärung gesprochen wird. Und doch geht es auch hier – wie das Wort sagt – um Klärung, um Klarheit, aber auf eine ganz andere Weise.

Wie ein Blitzlicht

Verklärung – das ist, wie wenn man in einem lichten Moment den Durchblick bekommt. Lange hat man an einem Problem gesessen und auf die zündende Idee gewartet. Auf einmal blitzt es auf. Das reicht zur Orientierung. Die Jünger gewinnen Klarheit über Jesus. Nie zuvor haben sie ihn so gesehen wie hier: »in strahlendem Licht« (32). Seine göttliche Herrlichkeit bricht durch. Um solche Erfahrungen zu erahnen, denke man an das das »Memorial« von Blaise Pascal (großer Mathematiker, Physiker und Philosoph): »Jahr der Gnade 1654. Montag, den 23. November … Seit ungefähr abends zehneinhalb bis ungefähr eine halbe Stunde nach Mitternacht. Feuer. ›Gott Abrahams, Gott Isaaks, Gott Jakobs‹; nicht der Philosophen und Gelehrten. Gewissheit, Gewissheit, Empfinden: Freude, Friede. Gott Jesu Christi … Möge ich nie von ihm getrennt sein.« Oder denken Sie an Martin Luther King: »Ich bin auf dem Gipfel des Berges gewesen. Ich mache mir keine Sorgen … Meine Augen haben die Herrlichkeit des kommenden Herrn gesehen.« Wer kennt nicht außergewöhnliche Augenblicke der Vergewisserung? Auf einmal blickt man durch.

Sternstunde

Die drei Jünger können auf dem Berg wie durch einen Türspalt die Herrlichkeit Christi schauen. Sie werfen einen

Blick in einen Raum, den sie noch nicht betreten dürfen, der ganz erfüllt ist von der Ausstrahlung des Auferstandenen. Für einen Augenblick leuchtet das Ziel auf: Jesus im Lichtglanz Gottes. Eine Sternstunde – die Jünger können noch lange davon erzählen (vgl. 2 Petr 1,16–19). Die hat ihren Preis. Der wird im Evangelium deutlich benannt: Gesprochen wird oben auf dem Gipfel »von seinem Ende, das er in Jerusalem erfüllen sollte« (31). Mitten im Ereignis der Verklärung erscheint ein anderer Berg am Horizont: Golgota! Tabor und Golgota liegen dicht beieinander. Wir werden erst dann erahnen, worum es auf dem Tabor geht, wenn wir bereit sind, mit nach Golgota zu gehen. Die österliche Wandlung mitten im Alltag unserer Welt ist nicht schmerzfrei. Golgota ist nicht Oberammergau.

Bauen?

Petrus möchte auf dem Berg der Verklärung bleiben. Er möchte für immer einen strahlenden Herrn. Er träumt von einem Christus, der über den Niederungen des Alltags steht. »Meister, es ist gut, dass wir hier sind. Wir wollen drei Hütten bauen ...« (33). Es fällt ihm also nicht anderes ein, als zu bauen oben auf dem Berg, um dortbleiben zu können. Er will das gelobte Land ohne den Marsch durch die Wüste, Ostern ohne das Kreuz. Er sträubt sich gegen den Weg bergab in die harte und konfliktreiche Realität im Tal. Wer könnte ihn nicht verstehen?

Aufstieg und Abstieg

Die Gipfelerfahrung hat ihren Aufstieg und ihren Abstieg. Der Aufstieg in das Gottesgeheimnis erfordert Geduld, Beharrlichkeit. Man kommt ins Schwitzen. Aufstieg und Abstieg sind notwendig, damit das Erfahrene haften bleibt. Wer Höhepunkte erlebt, darf den Tiefpunkten nicht ausweichen.

Doch die Gipfel-Erfahrung, die »lichten Momente« werden ihren Glanz nie völlig verlieren. Davon bleibt immer etwas hängen, nicht nur in den Kleidern. Oft sind es nur Augenblicke, die uns durch lange Durststrecken tragen. Ohne Taborerlebnisse werden wir auf der Talsohle nur schwer überleben. Wenn die Kraft der Visionen nachlässt, wenn die Bilder verblassen, wenn die Schatten der Berge die Täler verdunkeln, dann gilt es auf die Stimme des Himmels zu hören: »Dieser ist mein auserwählter Sohn, auf ihn sollt ihr hören« (35). Er gibt Kraft und Zuversicht auch in finsteren Situationen, wie sie die Kirche gegenwärtig durchzustehen hat.

Axt oder Spaten?

3. FASTENSONNTAG
Schrifttext: Lk 13,6–9

Unfruchtbar?

Axt oder Spaten, das ist die Frage. »Ein Mann hatte in seinem Weinberg einen Feigenbaum gepflanzt; und als er kam und nachsah, ob er Früchte trug, fand er keine« (6). Ein enttäuschendes Ergebnis. Was tut da jemand, der wirtschaftlich denkt? »Da sagte er zu seinem Winzer: Siehe, jetzt komme ich schon drei Jahre und sehe nach, ob dieser Feigenbaum Früchte trägt, und finde nichts. Hau ihn um! Was soll er weiter dem Boden seine Kraft nehmen?« (7). Abholzen, rät der gesunde Menschenverstand. Die Axt muss her und reine Bahn schaffen. Wenn der Winzer nicht wäre und gegen alle wirtschaftliche Vernunft intervenierte: »Herr, lass ihn dieses Jahr noch stehen; ich will den Boden um ihn herum aufgraben und düngen« (8). Vielleicht, vielleicht – wer weiß ... »Vielleicht trägt er in Zukunft Früchte« (9).

Der geduldige Winzer

Der unfruchtbare Baum hätte die Axt verdient; stattdessen kommt der Spaten zum Einsatz und noch Dünger dazu, damit der Baum endlich die gewünschte Frucht trage, endlich! Die Axt schlägt nicht zu, weil einer dazwischengetreten ist. Nicht irgendeiner. Im Hintergrund des Gleichnisses erscheint Christus im Bild des Winzers. Er gibt die Hoffnung nicht auf, er wartet geduldig, bis es wächst, bis die Zweige saftig werden, Blätter treiben und Früchte tragen. Er weiß, dass alles seine Zeit hat, und er lässt Zeit. Er ist nicht aufs Abholzen aus, er vertraut der Kraft des Feigenbaumes und hegt ihn. Welch eine Chance für den Feigenbaum, wenn er einen solchen Winzer hat!

Im eigenen Garten

Er lässt uns hoffen. Wir sind durchaus in diesem Gleichnis angesprochen mit der uns geschenkten Lebenszeit: Das Ackern mit dem Spaten im eigenen Garten, die Arbeit an uns selbst. Wir spüren an bestimmten Punkten unseres Lebens, dass es nicht einfach so weitergehen darf, dass die bloße Fortschreibung der Gegenwart keine Zukunft hat. Der unfruchtbare Feigenbaum, der nutzlos dem Boden seine Kraft entzieht, ist ein Bild für ein selbstgefälliges Leben, das eine Menge Energie für sich beansprucht, aber nichts für andere hergibt. Es stirbt. Dem Feigenbaum wird noch Zeit gelassen; geschenkte Zeit auch für uns. Was machen wir damit? Werden wir sie zur Umkehr nutzen?

Harte Arbeit

Es geht im Gleichnis nicht nur um uns persönlich. Ich lebe in einer Einrichtung für behinderte Menschen. Da ist Arbeit »mit dem Spaten« angesagt. Da weiß man, was das heißt: »Ich will den Boden um ihn herum aufgraben und düngen …« (8). Das ist harte Arbeit. Bisweilen sind die Früchte kaum zu sehen. Wie hält man das durch? Wir hoffen nicht allein auf uns selbst; der Glaube lässt uns hoffen, für jeden Menschen. Er ermutigt zur Arbeit mit dem Spaten. Er ermutigt dazu, auch im scheinbar Unfruchtbaren den Keim der Fruchtbarkeit zu entdecken. Alle Achtung vor jeder und jedem, die hier arbeiten und sich schließlich noch fragen lassen müssen: Warum machst du das eigentlich? Das bringt doch nichts.

Behindertenfreundlich?

Axt oder Spaten! Ob unsere Gesellschaft wirklich so behindertenfreundlich ist, wie sie sich gern gibt? Sind Behinderungen ein abschaffbares Übel, oder lernen wir, damit umzugehen? Was lassen wir uns dieses Lernen kosten? Axt oder Spaten! Dort, wo's nach außen ganz unauffällig ist, wird pränatal die Axt an die Wurzel gelegt. Menschen mit Down-Syndrom werden, von wenigen Ausnahmen abgesehen, umgehauen. Sie kommen erst gar nicht mehr zur Welt. Wem soll einleuchten, dass nach der Geburt die Arbeit mit dem Spaten proklamiert wird, wenn vor der Geburt die Axt regiert? Da stimmt doch etwas nicht. Die Akzeptanz behinderter Menschen kann leicht kippen (die Älteren von uns haben das erlebt!).

Geschenkte Zeit

»… dieses Jahr noch …« (8). Dem Feigenbaum wird noch Zeit gelassen: geschenkte Zeit auch für uns. Was machen wir damit? Werden wir sie vertreiben oder gar totschlagen? Schöpfen wir sie aus, etwa indem wir anderen Zeit schenken? – Auf dem Regal in meinem Arbeitszimmer steht eine Sanduhr. Es ist heilsam, auf sie zu schauen. Frühere Generationen haben damit die Zeit gemessen. Der Sand rinnt aus dem oberen Glas ins untere. Die Zeit verrinnt: Unser Lebensvorrat ist begrenzt. »Herr, lass ihn dieses Jahr noch stehen …« (8) – dieses Jahr noch.

»Lasst euch mit Gott versöhnen!«

4. FASTENSONNTAG

Schrifttext: 2 Kor 5,18–21

Himmlischer Spaßmacher?

Wie gehen wir in der Kirche mit Schuld und Sünde um? Die Vorstellung vom Richter mit dem Schwert in der Hand ist oft genug umgeschlagen in eine Religion des lieben Gottes. Da ist nichts von Herausforderung, von Widerstand oder Zorn gegen das, was ist und was ich gerade zu sein beliebe. Der himmlische Spaßmacher segnet alles ab, was kommt. Er trägt schließlich dazu bei, die Feigheit vor dem Leben, die Scheu vor harten Bewährungen zu verewigen. »Ein Gott ohne Zorn brachte Menschen ohne Sünde in ein Reich ohne Gericht durch den Dienst eines Christus ohne Kreuz« (Reinhold Niebuhr). Entsprechend folgenlos, langweilig und realitätsfremd ist dann die Glaubenspraxis.

Wenn das Gewissen verflacht

Den Gott, der umstandslos zu unseren Wünschen passt, gibt es im Christentum nicht. Jesus hat den Menschen einen anderen Gott nahegebracht, nicht einen, den man sich nach eigenem Gusto zurechtträumt. Halten wir Gott vielleicht deswegen nicht mehr stand, weil wir den Abgründen unserer Schuld nicht standhalten, weil unser Gewissen verflacht ist und wir uns die Verantwortung für unser Versagen nicht eingestehen wollen? Und umgekehrt: Wo der Mensch von

Gott nichts mehr weiß oder wissen will, da ist es auch folgerichtig, dass er keine Ahnung von Sünde hat. – Das betrifft jede und jeden von uns, so wahr die Finger auf uns selbst zeigen, wenn wir beim Confiteor mit der Hand an die eigene Brust schlagen. Wir sind nicht nur Wohltäter, sondern immer auch Übeltäter, haben »Gutes unterlassen und Böses getan«. Jede und jeder möge sich fragen: Kann ich zu meiner Schuld, zu meiner Sünde stehen? Wie reagiere ich auf Kritik? Bin ich fähig und bereit zur Selbstkritik?

Sündenfolge

Die Versöhnung konnte nicht einfach durch einen Federstrich geschehen, dazu war die Last der Sünde zu drückend. Sie erforderte den persönlichen Einsatz, den wir Jesus verdanken. Gott »hat den, der keine Sünde kannte, für uns zur Sünde gemacht« (21), nicht zum Sünder! Ihn hat die Sündenfolge getroffen, obwohl er daran unschuldig war. Gott hat sich so mit den sündigen Menschen identifiziert, dass er sich an ihre Stelle begeben hat, an den Ort der Sünde und des Todes, des Gerichts und der Gottverlassenheit (Stellvertretung!). Die Kreuzigung des in Gott beheimateten Jesus mit dem Schrei der Gottverlassenheit ist abgründiger nicht zu denken. Gott selbst hat sich der Gottesferne ausgesetzt, um uns in seine Nähe zu holen und bei sich zu beheimaten. Sein Weg nach unten in die Tiefe zur Aufarbeitung von Sünde und Schuld, sein Weg durch Leiden und Tod gibt uns die Freiheit, auch die untersten Etagen unseres Daseins nicht zu verdrängen.

Hingabe

Jesus hat sich geopfert, indem er sich der von Menschen ausgeübten tödlichen Gewalt ausgesetzt und »überliefert« hat. Passion und Kreuz als Ausdruck der Liebe Gottes zur

Welt (vgl. Joh 3,16) haben den alten Opfermechanismus, der die Religionsgeschichte weithin prägte, endgültig durchbrochen. Jesu Tod ist Hingabe – wie sein ganzes Leben. Er wirft sein Leben nicht weg, er gibt es hin, er opfert sich zum Heil der Menschen, damit das Opfern von Menschen ein Ende hat. Man kann also die Kreuzigung Jesu nicht einfach durch eine Liebeserklärung Gottes ersetzen. Es hat nach wie vor seinen guten Sinn, vom Kreuzesopfer zu sprechen. Es weist uns hin auf die Selbsthingabe Christi, durch die Gott »die Welt mit sich versöhnt hat« (19).

Gesandt zur Versöhnung

Schon in den Versen 18 und 19 heißt es, dass Gott uns durch Christus »den Dienst der Versöhnung aufgetragen hat«. Dem »Wort von der Versöhnung« entspricht der »Dienst der Versöhnung«. Zu ihm ist der Apostel berufen, er wird von ihm als Apostel wahrgenommen in der Verkündigung des Wortes von der Versöhnung. Christus ist der Sendende, der in seinem Gesandten zu Wort kommt. Er (Christus) ist nicht nur Objekt der apostolischen Verkündigung, sondern wirksames Subjekt der Botschaft, in der das Versöhnungsgeschehen vergegenwärtigt wird. Paulus ist als Apostel der Diener Christi; er repräsentiert ihn gegenüber den Hörern des Evangeliums. Das Wort des Evangeliums, das der Apostel verkündet, hat rettende Kraft, weil sich in ihm der gekreuzigte und auferstandene Christus selbst Ausdruck verleiht. Nur insofern wir in Christus sind, sind wir für den Versöhnungsdienst qualifiziert. »Wir sind also Gesandte an Christi Statt, und Gott ist es, der durch uns (zur Versöhnung) mahnt« (20). Aus uns selbst sind wir nicht die großen Versöhner. Wir sind Botschafter der Versöhnung. Sie selbst ist und bleibt Gottes Sache. Er wirkt in Christi Namen durch uns. Nur von Gott Versöhnte können Versöhnung verkündigen und weitergeben.

Gott lässt bitten

Die Versöhnungsbotschaft kommt nicht als Anklage auf uns zu, nicht als Verurteilung. Hier wird nicht auf die Pauke gehauen. Es ergeht eine Einladung, keine Vorladung, eine Bitte, kein Gestellungsbefehl! Versöhnung gelingt nicht auf Kommando. Versöhnung durch Zwang oder mit Gewalt wäre widersinnig. Die Bitte ist die angemessene Sprachgestalt, um Gottes Versöhnung mit der Welt zu vermitteln. Sie lässt den Gebetenen gelten, sie erweist ihm Respekt, sie rechnet mit seiner Selbständigkeit und Würde. Wer bitten will, muss den anderen aufsuchen, wo er ist. Die Herren befehlen, die Richter urteilen, die Parteivorsitzenden proklamieren – Gott lässt bitten, er lädt ein mit den ausgebreiteten Armen, den offenen Händen des Gekreuzigten. Er ist nicht anders zu erreichen als auf dem Weg der Freiheit.

Jesus und die Ehebrecherin

5. FASTENSONNTAG

Schrifttext: Joh 8,1–11

Mea culpa

Man kann's mit der eigenen Hand ausprobieren: Wenn ich mit dem Finger auf andere zeige, zeigen drei auf mich selbst zurück. Das ist eine ganz einfache Geste, die in ihrer Symbolkraft unmittelbar einleuchtet. Wie schnell rufen wir: Die da, der da! Und schon fliegt der Zeigefinger und lässt uns die drei anderen Finger, die uns selbst treffen, vergessen. Ehrlicher wäre es, mit der Hand an die eigene Brust zu schlagen: mea culpa – meine Schuld. Das Evangelium heute zeigt den Weg dieser Umkehr, holt die Hand, die wegzeigen will auf andere, an die eigene Brust.

Seitensprung

Eine Frau ist auf frischer Tat beim Ehebruch ertappt worden. Die Oberen Israels zerren sie vor Jesus, nicht ohne Hintergedanken. Eigentlich geht es ihnen nicht um die Frau, sondern um Jesus: Sie suchen Gründe, ihn anzuklagen und aus dem Weg zu schaffen. Sie wollen ihn in eine Falle locken: »Mose hat uns im Gesetz vorgeschrieben, solche Frauen zu steinigen« (5). Darüber lässt sich nicht mehr diskutieren. Ein Seitensprung kostet das Leben. Wie soll Jesus nun antworten? Er ist vor eine schier unlösbare Situation gestellt. Widersetzt er sich der Steinigung, gerät er in Widerspruch zum jüdischen Gesetz. Stimmt er ihr zu, widerspricht er seiner eigenen Botschaft von der grenzenlosen Vergebung. Was tun? Im Grunde kann er es nur verkehrt machen.

Ohne Sünde?

In souveräner Gelassenheit setzt Jesus zunächst auf Zeit. Er »bückte sich und schrieb mit dem Finger auf die Erde« (6). Er schafft eine Unterbrechung. Sie ist in dieser aufgeheizten Situation eine reine Wohltat. Sie hält den mörderischen Automatismus des Geschehens auf und schafft Raum zum Atemholen. Schon setzen die Ankläger nach, sie insistieren »hartnäckig« (7). Bis Jesus kurzerhand den Spieß umdreht: »Wer von euch ohne Sünde ist, werfe als Erster einen Stein auf sie« (7). Nicht mehr Jesus und die Ehebrecherin stehen jetzt im Mittelpunkt der Szene, sondern die Ankläger. Lautlos und beschämt ziehen sie ab. Wer soll da noch Steine werfen? Er würde sich selbst steinigen.

Ich verurteile dich nicht

Das Bild hat sich auf einmal völlig verändert. Die Frau, eben noch von ihren Anklägern umringt, steht nun allein Jesus gegenüber. Der forscht nicht nach in ihrem früheren Leben. Er lässt das Vergangene vergangen sein und spricht das Wort, das der Frau eine Zukunft eröffnet: »Auch ich verurteile dich nicht« (11). Da fällt der Frau ein Stein vom Herzen. Jesu Wort ist der Zuspruch einer neuen Chance – statt Tod Leben. »Geh und sündige von jetzt an nicht mehr!« (11). Sünde bleibt Sünde, Jesus lässt nicht fünf gerade sein. Aber er pult nicht in den Sünden herum, sondern sagt der Frau: So wie du bisher gelebt hast, kann's nicht weitergehen. Das ist doch kein Leben. Fang neu an.

Und wir?

Die Erzählung trifft uns mit jedem Wort. Heute werden in unseren Breiten keine Steine geworfen – oder doch? Steine aus Worten sind oft genug verletzender als Kiesel. Und weiter betrifft uns das Schlüsselwort: »Wer von euch ohne Sünde ist, werfe als Erster einen Stein auf sie« (7). Warum ist die eigene Schulderfahrung so wichtig? Dazu drei Punkte:

- Die Schulderfahrung konfrontiert uns mit den dunklen Seiten unserer eigenen Existenz, die wir gern verdrängen.
- Die eigene Schulderfahrung macht barmherziger im Urteil über die Schuld anderer. Wer die eigene Schuld erkennt, der wird so leicht nicht auf andere mit Steinen werfen. Er weiß, dass die Steine zugleich ihn selbst treffen.
- Und schließlich: Wer die eigene Schuld nicht annehmen kann, wird sie bei anderen suchen und ihnen die Schuld in die Schuhe schieben.

Der mittelalterliche Mystiker Johannes Tauler fasst die Schulderfahrung in einem sehr drastischen, aber auch plastischen Vergleich zusammen:

Das Pferd macht den Mist im Stalle,
und obgleich der Mist einen Unflat und Stank an sich hat,
so zieht dasselbe Pferd doch den Mist
mit großer Mühe auf das Feld,
und dann wächst daraus edler, schöner Weizen
und der edle, süße Wein,
der nimmer so wüchse, wäre der Mist nicht da.
Also trage deinen Mist –
das sind deine eigenen Gebrechen,
die du nicht abtun und ablegen noch überwinden kannst –
mit Müh' und mit Fleiß
auf den Acker des liebreichen Willens Gottes
in rechter Gelassenheit deiner selbst.

Vom Tod zum Leben

PALMSONNTAG
Schrifttext Lk 19,28–40

Sterblich

Man kann es drehen und wenden, wie man will: Das Leben ist sterblich. Alles in der Welt hat ein Ende. Diese Einsicht hat nichts mit Miesmacherei zu tun. Sie will uns nicht die Freude am Leben verderben. Aber gerade um der Lebenswahrheit willen müssen wir sagen: »Alles was ist, hat ein Verfallsdatum. Was immer man lieben mag, man liebt etwas, das sterben muss« (Madeleine Delbrêl). Dabei geht es ja nicht nur um Leid und Tod im Allgemeinen, sondern insbesondere um das, was wir Menschen uns und anderen antun und wodurch wir uns und der Schöpfung Leben rauben, statt sie zu bewahren. Stehen wir zu unserer Verantwortung?

Im Angesicht des Todes

Das Besondere des christlichen Glaubens – auch im Vergleich zu anderen Religionen – zeigt sich gerade im Mut, die Frage nach dem Leben auch angesichts des Todes zu stellen. Als Christen werden wir die unentrinnbare Macht des Todes und das tödliche Gewaltpotential in uns und um uns weder verharmlosen noch dramatisieren. Der Osterglaube ist gerade darin erlösend und befreiend, dass er uns beides zumutet: einerseits das Faktum des Todes und andererseits, dass Gott mitten im Tod Leben schafft.

Heilige Woche

Diese Mitte des christlichen Glaubens findet einmal im Jahr ihre ausdrückliche Darstellung. Die Woche zwischen Palmsonntag und Ostern ist geprägt von jener Spannung, in der Jesus mitten in tödlichen Verhältnissen jene Feindesliebe lebte, die mit ihm in die Welt gekommen ist. Wir brauchen die acht Tage der Karwoche, um Szene für Szene durchzugehen. Dabei können wir erfahren, wie sehr es unsere eigene Geschichte ist, die wir in der Gestalt Jesu schon erlöst sehen dürfen. Seine Sehnsucht nach Frieden und Gerechtigkeit, mit der er in Jerusalem einzieht, ist auch die unsere. Sein Mut, am Gründonnerstag Brot und Wein zu teilen und sich den Jüngern mitzuteilen, ist das kostbarste Erbe und zugleich lebendige Gegenwart unter uns: Brot teilen, einander die Füße waschen.

Gewaltfrei

Dass er sein Leben hingab, um den verfluchten Teufelskreis von Gewalt und Gegengewalt zu durchbrechen, kennzeichnet den Sterbetag Jesu, den Karfreitag. Jedes Sterben, vor allem der Tod durch Gewalt und Unrecht, gehören mit dem Tod auf Golgota zusammen. Abgründig eröffnet der Karsamstag den Blick in die Schrecken des Todes: Christus steigt hinab in das Reich des Todes, um auch all jene, die vor uns gelebt haben, dem Tod zu entreißen. Er holt sie heim in sein Leben, das den Tod hinter sich hat. Wir glauben, dass der Tod im Tod Jesu Christi verschlungen ist. Das ist die Botschaft der Osternacht: Mitten im Tode sind wir vom Leben umfangen. Mitten in der Nacht bricht das Licht auf, dargestellt in der Osterkerze: Lumen Christi!

Rundumerneuerung

Die Karwoche gestaltet sich als ein großer Spannungsbogen, in dem der Weg vom Leben zum Tod umgekehrt wird: Vom Tod zum Leben – *durch* Christus, *mit* ihm und *in* ihm. Die Heilige Woche enthält die Mitte des christlichen Glaubens: Kreuz und Auferstehung. Sie ist der Ursprung der Liturgie. Man kann das daran erkennen, dass die Kirche in dieser Woche alle sakramentalen Elemente erneuert:

- die Weihe des Taufwassers
- die Eucharistie
- die Weihe der Öle und des Chrisams (für Firmung, Krankensalbung ...)

Die Karwoche ist sozusagen eine sakramentale Rundumerneuerung. Diese Erneuerung muss uns selbst erfassen. Wenn Christus uns neues Leben schenkt in den sakramentalen Zeichen, dann will er dadurch uns selbst erneuern. Die Karwoche lädt uns ein, uns zu prüfen, wie weit wir in der Nachfolge Jesu vorangeschritten sind.

Das älteste Christuslied

PALMSONNTAG

Schrifttext: Phil 2,5–11

Transzendenz nach unten

Das Lied besingt die Geschichte Jesu Christi, die Geschichte seiner Entäußerung. Sie beginnt mit Gott. Man kann nicht von Jesus reden, ohne von Gott zu sprechen. Sein Ursprung ist Gott. Damit hatte er alles, was man sich denken kann – was wollte er mehr? Er hätte sich dahinter verschanzen können; niemand konnte ihn daran hindern. Nicht wahr: ›Was man hat, das hat man. Wer weiß, was kommt? Auf jeden Fall den Besitzstand wahren!‹ So denken wir, und so leben wir, häufig jedenfalls. Er nicht! Er dachte anders, und er lebte anders: nicht für sich, sondern für uns. Er hing nicht an seiner Position, sondern an uns. Er wappnete sich nicht mit Titeln und Privilegien. Er verteidigte nicht seinen Besitz. Er gab, was er hatte; und das war nicht wenig, das war alles. Er fragte nicht: ›Was hab ich davon? Was springt dabei heraus?‹ Er sagte: »Für euch und für alle …«

Die Macht des Ohnmächtigen

Er ließ nicht die Macht spielen. Die Herren der Welt und ihr Gehabe beeindruckten ihn wenig. Er ging nicht über Leichen. Er widerstand der Versuchung, die Welt mit Macht in Ordnung zu bringen, mit Macht die sogenannten klaren Verhältnisse zu schaffen. Er wagte es, offene Flanken zu zeigen. Er wandte sich »ungeschützt« den Menschen zu. Gott war ihm Schutz genug.

Er blieb sich und seinem Weg treu, »gehorsam bis zum Tod am Kreuz« (8). Als er die Macht der Mächtigen am eigenen Leib zu spüren bekam, setzte er sich nicht ab. Er brachte keine fremden Mittel ins Spiel, die anderen versagt sind. Er umgab sich nicht mit bewaffneten Kohorten und rief auch keine Engel zu Hilfe. Er ging wehrlos auf seine Gegner zu, bar aller Macht. Am Ende hatte er nichts mehr, was die Henker und der Tod ihm hätten rauben können, er hatte alles gegeben. »Ganz leer hat er sich gemacht«, so steht's da wörtlich (vgl. 7), ganz leer von allem, was ihn erfüllte.

Ein Heldenlied?

Ist das das Ende vom Lied? – ›Es sind noch Lieder zu singen jenseits des Todes …‹ Unser Christuslied jedenfalls setzt neu ein. Von Christus ist mehr zu sagen, als dass er nackt am Kreuz starb. Über sein Grab ist kein Gras gewachsen. Gott hat ihn zum Leben erweckt – nicht ohne Grund. Weil Jesus alles gegeben hatte, »gehorsam bis zum Tod am Kreuz«, darum hat Gott ihn erhöht und seinen Namen großgemacht. Er hat dem Weg Jesu rechtgegeben, es ist sein göttlicher Weg.

Jesus erhöht, sein Name in aller Munde – wie ist das zu verstehen? Ist er am Ende nun doch der strahlende Held? War der Kreuzestod für ihn nur eine Episode? Dass wir's – um Gottes willen – nicht missverstehen. Mit Jesus verhält sich's nachher nicht völlig anders als vorher: Zunächst der machtlose Menschensohn, dann zeigt er, was er kann … So nicht! Er bleibt sich treu. Mit ihm sind die üblichen Herren nicht durch einen neuen, etwas besseren, ersetzt; die Herrschaft selbst ist gebrochen durch das Kreuz, sie ist durchkreuzt. Das Kreuz ist mit der Erhöhung Jesu nicht ein für alle Mal erledigt, sondern bestätigt. Die Wunden sind das entscheidende Merkmal, an dem man ihn – wie Thomas – erkennt, die Wunden, Zeichen seiner Wehrlosigkeit und Blöße. Da scheiden sich die Geister. Nicht die Macht hält die Welt zusammen, sondern das ohnmächtige Herz, das von der Lanze durchbohrt ist.

Konsequenzen

Werden wir uns auf Jesu Weg einlassen? Wird er den Ton angeben in unserem Leben? So viel ist klar: Das Christuslied hat Konsequenzen für alle, die es singen. Stimmen wir ein? Wagen wir das Risiko? Worauf warten wir in der Welt? Warten wir auf den starken Mann, der mit Macht den Boden planiert und reine Bahn schafft? Christus wird diese Erwartung nicht erfüllen. Worauf warten wir in der Kirche? Wo liegt unsere Stärke? Suchen wir das Heil in der Macht? Wollen wir auf jeden Fall mit am Drücker sitzen? Das ist keineswegs nur ein Problem der Weltpolitik, es betrifft nicht weniger uns als Kirche. Ziehen wir den eigenen Besitzstand den Nackten und Hungernden vor? Der Misereor-Sonntag fordert uns zum Teilen heraus. – Worauf warten wir in unserem persönlichen Leben? Was bewegt mich? Möchte ich den starken Mann markieren? Beteilige ich mich am zwischenmenschlichen Wettrüsten in der Familie, unter Arbeitskollegen? Wage ich es, mich ungeschützt anderen zuzuwenden? Wovon lebt die Welt? Wovon leben wir? Das Leben liegt nicht in der Macht. Das Herz der Welt ist das von der Lanze geöffnete Herz des Gekreuzigten. Dort ist das Heil der Welt zu suchen und zu finden.

Das Abendmahl

GRÜNDONNERSTAG

Schrifttext: 1 Kor 11,23–29

Zeichen des Neuen Bundes

Die letzte Zusammenkunft Jesu mit den Jüngern vor seinem Tod ist ein Mahl. Der Ernst der Stunde ist unverkennbar. Die Nacht ist angebrochen, »in der er ausgeliefert wurde …«

(23). In dieser Stunde wird das Mahl gefeiert, das Zeichen des Neuen Bundes. Ein gemeinsames Essen schafft Gemeinschaft. So das Abendmahl. Es schafft Verbindung und Verbindlichkeit, es stiftet den Neuen Bund. Die Erinnerung daran wird bewahrt, Worte und Handlungen, Gesten werden festgehalten, sind uns ins Gedächtnis geschrieben: »Tut dies … zu meinem Gedächtnis!« (25).

Verbindliche Tradition

Paulus *erzählt* in seinen Briefen nur an ganz wenigen Stellen. In aller Regel legt er den Glauben dar, er argumentiert, setzt sich mit anderen auseinander. An dieser zentralen Stelle (ähnlich einige Kapitel weiter bei der Auferstehung) tritt er für einen Augenblick aus der Reflexion heraus und erzählt in knappen Sätzen das Abendmahlsgeschehen. So geschieht es über die Jahrhunderte hin bei jeder Heiligen Messe. Man kann das Abendmahl nur festhalten und Wirklichkeit werden lassen, indem man es erzählt und die einfachen Handlungen und Gesten vollzieht: »Er brach das Brot« (24). Das Brotbrechen – so wird das Abendmahl von Anfang an genannt. Die Jünger erkannten den Auferstandenen, »als er das Brot brach« (Lk 24,35). Fast ist es etwas gewaltsam: Ich nehme das Brot und breche es. Wie das Weizenkorn in die Erde fällt und aufbricht, damit neues Korn wächst, wie die Körner gemahlen werden, damit Brot wird, so wird das Brot gebrochen. Wollen wir es essen, müssen wir es teilen.

Gebrochen

Das ist wie ein Zeichen: Das »Brot des Lebens« wird gebrochen, damit es uns zuteilwird: »Das ist mein Leib für euch«, sagt Jesus (1 Kor 11,24), so bin ich für euch. Das Brot des Lebens kommt uns zugute, indem es gebrochen wird. Jesus geht seinen Weg bis zum Ende und zerbricht. – »Dieser

Kelch ist der Neue Bund in meinem Blut« (25). Auch der Wein ist ein Zeichen: Die Traube wird gekeltert, damit Wein wird. »Der Neue Bund in meinem Blut ...« Christus bindet sich an uns, und diese Bindung wird durch die Hingabe seines Lebens besiegelt.

Unser Leben birgt Zerbrochenes, Dunkelheiten; Jesus lässt sich darauf ein, indem er unsere Zerbrechlichkeit zu seiner eigenen macht. Ohne schützenden Abstand geht er mit ein in das Dunkel der Nacht, das uns umgibt. Wem könnten wir mehr vertrauen als dem, der neben uns aushält, der seine Treue darin erweist, dass nichts in der Welt ihn von unserer Seite vertreiben kann? Die Eucharistie ist nicht ein Mahl der Seligen, sondern der Angefochtenen.

Wandlung

»Das ist mein Leib für euch.« Das Wort der Wandlung! Indem Christus so mit Leib und Blut real präsent ist, ganz da für uns, geschieht etwas mit uns. Die Wandlung geht nicht über uns hinweg, sie erfasst uns selbst. Wir werden Leib Christi. Augustinus sagt: »Empfangt, was ihr seid: Leib Christi, damit ihr werdet, was ihr empfangt: Leib Christi.« Damit wird klar, wer zum Heiligen Mahl einlädt. Nicht wir laden ein, Christus lädt ein; es geht an den »Tisch des Herrn«, zum »Mahl des Lammes«. Er, und er allein, steht in der Mitte; er, und er allein, will gehört und empfangen werden. Die Kirche handelt in seinem Auftrag.

Würdigkeit

Worauf alles ankommt, ist dies: Der Herr schenkt sich selbst in seinem Mahl. Alles andere, auch das Miteinander, bekommt von daher seine Begründung. Erst die Gemeinschaft mit dem Leib Jesu Christi bewirkt die Gemeinschaft im Christusleib der Kirche. Darum gibt es auch eine Unwürdigkeit gegenüber dem Leib Jesu Christi selbst. Das darf gerade heute bei dem häufigen Kommunionempfang nicht in Vergessenheit geraten. Der Altartisch, der Tisch des Herrn, darf nicht mit einem x-beliebigen Tisch verwechselt werden. Unterscheidung tut not. Wer nicht an die Gegenwart des Herrn glaubt, darf nicht zu seinem Tisch treten.

»In der Nacht, in der er ausgeliefert wurde …« (23). Jesus hat erlebt, was es heißt, Menschen in die Hände zu fallen. In der Eucharistiefeier wird er in unsere Hand gelegt: »Der Leib Christi« – in unserer Hand. »Herr, ich bin nicht würdig, dass du eingehst unter mein Dach, aber sprich nur ein Wort, so wird meine Seele gesund.«

Nicht den Kopf waschen, sondern die Füße

GRÜNDONNERSTAG

Schrifttext: Joh 13,1–15

Liturgisches Theater?

Mancher wird den Kopf schütteln, wenn wir jetzt die Fußwaschung inszenieren. Ist das Ganze nicht ein liturgisches Theater? Wenn irgendjemand von uns saubere Füße hat, dann sind es die Zwölf, die gleich hier sitzen werden. Sie haben sicher gründlich vorgesorgt, damit sie sich ja nicht blamieren. Also: Was soll's? Für einen Augenblick wird der feierliche Rahmen der Liturgie aufgebrochen, nach unten auf die Erde geholt. Er rückt uns peinlich dicht auf den Leib. Das Entscheidende gleich geschieht nicht im schwarzen Anzug oder Messgewand, nicht durch Reden. Wie Jesus bindet sich der Priester die Schürze um. Er geht in die Knie. Er wäscht den Leuten nicht den Kopf, sondern die Füße. Es sind Füße, mit denen wir auf der Erde stehen und die vom Staub der Erde dreckig werden. Man muss sich bücken, wenn man sie waschen will, sehr tief, bis auf den Boden. Jesus ist sich dafür nicht zu schade. Er lässt das Unterste und Niedrigste nicht unerledigt, das also, was wir so gern überspielen und oft nicht wahrhaben wollen. Er kümmert sich um den Bodensatz, den unerledigten Wust unseres Lebens.

Petrus hat's nötig

Die Reaktion des Petrus ist bezeichnend und hat in der Erzählung besonderes Gewicht. Petrus entgegnet Jesus: »Niemals sollst du mir die Füße waschen!« (8). Wenn man diese Drecksarbeit an sich geschehen lässt, muss man sich und anderen eingestehen: Es ist notwendig, die Füße waschen zu lassen. Ich muss den Dreck in meinem Leben anerkennen, mein Versagen, meine Schuld. Das geht buchstäblich an die Basis unserer leibhaftigen Gestalt, an die Fundamente (die Füße!). Wer meint, er bedürfe des Waschens nicht, hat keine Gemeinschaft mit Christus: »Wenn ich dich nicht wasche, hast du keinen Anteil an mir« (8). Das ist Petrus gesagt, und Petrus steht für die Kirche. Wenn sie sich die Füße nicht waschen lässt, hat sie keinen Anteil an der Versöhnung mit Gott.

Schuldbekenntnis 2000

Johannes Paul II. hat am ersten Fastensonntag des Heiligen Jahres 2000 mit dem Schuldbekenntnis und der Bitte um Vergebung der Kirche den Weg gewiesen. Sie muss sich ihrer Schuld in Gegenwart und Vergangenheit stellen. Es geht nicht nur um die Sünden einzelner Christen, sondern auch um die Sünden der Kirche, besonders dann, wenn sie von denen begangen wurden, die im Namen der Kirche handeln.

Wir sind zu einer offensiven Gewissenserforschung herausgefordert.

Sündige Kirche

Man kann es nicht deutlich genug sagen: Wir sind nicht nur als Einzelne betroffen, sondern als Kirche. Der Missbrauchsskandal treibt uns die Schamröte ins Gesicht. Wir haben keinen Grund, mit dem Finger von uns weg auf andere zu zeigen. Wir haben vielmehr allen Grund, mit der Hand an unsere Brust zu schlagen: *mea culpa*. Wir sind nicht nur eine Kirche der Sünder, sondern eine sündige Kirche.[1] Wir haben als Kirche versagt. Wir haben uns leider allzu oft weniger um die Opfer gesorgt als um den Ruf der Kirche und um die Vermeidung von Skandalen. Darum wurde vieles vertuscht. Keine Frage: Die traurigen und erschütternden Ereignisse müssen gründlich aufgearbeitet werden.

Erneuerung

Der Glaube fordert uns zu einer bußfertigen Erneuerung auf. Im Namen Jesu Christi hoffen wir »ja nicht auf uns selber, und darum brauchen wir auch unsere eigene Gegenwart und unsere eigene Geschichte nicht immer wieder zu halbieren und stets nur die Sonnenseite vorzuzeigen, wie es jene Ideologien tun, die keine andere Hoffnung haben als die auf sich selbst. In diesem Sinne ist die Bereitschaft zur Selbstkritik ein Zeugnis unserer spezifisch christlichen Hoffnung, die die Kirche immer neu zu einer offensiven Gewissenserforschung anleitet«.[2] Es gibt kein überzeugenderes Zeugnis für die Kraft christlichen Glaubens als den Mut, im Vertrauen auf die Barmherzigkeit Gottes Schuld zu beken-

1 Vgl. Würzburger Synode, »Unsere Hoffnung« II 3.
2 Ebd.

nen, Reue zum Ausdruck zu bringen und um Vergebung zu bitten – vor Gott und den Menschen.

»Vater, in deine Hände …«

KARFREITAG

Schrifttext: Lk 23,44–46

Wenn jemand seinen Geist aufgibt, wissen alle, was gemeint ist. Wissen wir es wirklich? Es ist ein himmelweiter Unterschied, ob jemand nur aufgibt oder ob er *sich* gibt. Im letzten Fall ist nicht einfach nur Schluss, es ist keine Kapitulation. Das Leben bekommt auch im Tod eine Richtung. Jesus hat nicht einfach nur aufgegeben, er hat *sich* gegeben – in Gottes Hand: »Vater, in deine Hände lege ich meinen Geist« (46). Das ist das letzte Jesus-Wort nach Lukas.

Emanzipation

»In deine Hände …« Unsere neuzeitliche Geschichte ist von einem Wort geprägt, das in die entgegengesetzte Richtung zeigt: Emanzipation! Das kennen wir alle: Emanzipation der Frau, Emanzipation der Jugendlichen. Darin steckt das lateinische Wort ›manus‹. Zu Deutsch meint Emanzipation: sich lösen aus den Händen, aus der Handhabe anderer, sich befreien aus der Verfügungsgewalt von Menschen. Das ist ein wichtiger Vorgang. Kein Mensch kann den anderen als sein Eigentum betrachten. Keiner darf über ihn verfügen, ihn vereinnahmen wollen. Keiner hat das Recht, Menschen zu handhaben, zu »manipulieren«. Emanzipation ja, auch in der Kirche – wenn es um die Befreiung aus den Händen der Herrschaften dieser Welt geht oder aus der Macht der Verhältnisse.

Von Gott?

Aber wenn der Mensch sich von Gott emanzipieren will, wenn er sich seiner Hand entzieht? Das hat Folgen. Wer trägt uns dann, wenn die Hand Gottes nicht mehr da ist? Tragen wir uns selbst? Ob wir uns dabei nicht gewaltig überheben? Wer sind wir denn? Die Bibel erzählt das auf den ersten Seiten in ganz einfachen Bildern. Gott formt den Menschen aus »Staub vom Erdboden« (Gen 2,7). Das ist der Stoff, aus dem wir kommen, nicht himmlisch, sondern ganz und gar irdisch, von der Erde aufgehoben, wie aus dem Nichts. Da kommen wir her. Keiner von uns hat sich selbst gemacht. Wir sind allemal Empfangene – aus Gottes Hand. Wir sind und bleiben uns selbst vorgegeben. Wer das nicht mehr weiß, der meint schließlich, er müsse sich selber schaffen. Das wird böse enden. Er gerät in immer neue Abhängigkeiten von sich und von anderen. Er verwickelt sich in heillose Zwänge und kommt schließlich unter die Tyrannei der eigenen Leistung. Frei bleibt er nur, wenn er nicht vergisst, woher er kommt und wer ihn trägt. Es gibt letztlich nur einen Weg, der Manipulation durch Menschen zu entgehen: Wir dürfen uns der Hand Gottes anvertrauen.

Jesu Weg

Jesus hat uns die Herrschaft Gottes eröffnet. Das erste Wort Jesu im Lukasevangelium heißt: »Wusstet ihr nicht, dass ich in dem sein muss, was meinem Vater gehört?« (2,49). Und das letzte Wort: »Vater, in deine Hände lege ich meinen Geist« (23,46). Das ist Jesu Leben. Er kehrt den Weg Adams um. Der Mensch will sein wie Gott. Er denkt schließlich, er könne sich selber tragen. Gott wird Mensch, um dem Menschen zu zeigen, worauf es ankommt: Er kann sich getrost Gott überlassen: »Vater, in deine Hände …« Jesu Weg kann unser Weg werden. Wir können uns in Gottes Hand geben, in seine offene Hand, die uns trägt und hält auch über Abgründen. Darauf ist Verlass. Können wir uns loslassen?

Sich loslassen

In der Komplet, dem Abendgebet der Kirche, heißt es wiederholt: »Herr, auf dich vertraue ich, in deine Hände lege ich mein Leben.« Dieses Wort ist mir in den letzten Jahren immer wichtiger geworden. Ich sehe meine Hände, was sie tragen können und was nicht, was sie ausrichten und was sie anrichten. Je mehr ich das wahrnehme, desto mehr hilft es mir, wenn ich am Ende eines Tages sagen kann: »Herr, in deine Hände lege ich mein Leben.« Das ist wie eine Einübung ins Loslassen, ins Schlafen. Und der Schlaf ist eine Einübung ins Sterben. Ich wünsche mir, dass ich am Ende meines Lebens sagen kann: »Herr, in deine Hände lege ich mein Leben.« Ich wünsche es Ihnen. Mehr brauchen wir am Ende eigentlich nicht zu wissen, das genügt als Summe des Glaubens: »Herr, in deine Hände lege ich mein Leben.«

Der Tod Jesu

KARFREITAG

Schrifttext: Joh 18,1 - 19,42

Todesbilder

Der Tod hat viele Gesichter. Sie zeigen, wie unterschiedlich er erfahren wird. Das Sterben lässt auch die Einstellung zum Leben erkennen. Von der Unsterblichkeit der Seele überzeugt, lehrt Plato, die wahre Philosophie bestehe in der Einübung ins Sterben. In Sokrates sieht er diese Kunst beispielhaft verwirklicht. Der trinkt gelassen den verhängten Schierlingsbecher und erkundigt sich nach der Wirkung des

Giftes. Er ermuntert seine Freunde zur Heiterkeit. Ähnlich Seneca, der sich – in politisch aussichtsloser Lage – seelenruhig im Bad die Pulsadern öffnet, nachdem er alles Nötige geregelt hat. Der sterbende Buddha: liegend, den Kopf auf einen Arm gestützt, milde lächelnd, ganz entspannt. Lehrend verabschiedet er sich von seinen Jüngern. Beeindruckende Bilder vom Sterben, vom Sterben in Würde.

Jesu Gewaltfreiheit

Ganz anders die Passion Jesu. Er ist im Ölgarten am Abend vor seiner Hinrichtung. Auch er ist in Begleitung von Jüngern, aber die schlafen. Er ahnt, was ihm bevorsteht. Er kämpft mit Gott, mit sich, er wehrt sich mit allen Kräften gegen das, was er auf sich zukommen sieht. Todesangst schüttelt ihn. Er schwitzt Blut. Dann trifft er die Entscheidung, nicht vor den heranziehenden Häschern zu fliehen. Sie führt in ein qualvolles Sterben. Das Kreuz offenbart, was an Gewalttätigkeit im Menschen steckt. Es offenbart zugleich die Gewaltfreiheit Gottes.

Statt Lorbeerkranz die Dornenkrone

Das Zeichen unseres Glaubens ist nicht der Held mit dem Lorbeerkranz, sondern der gekreuzigte Gottessohn mit der Dornenkrone. Matthias Grünewald hat ihn auf dem Isenheimer Altar dargestellt. Ein Bild des Grauens, ein Bündel gemartertes Fleisch. Der Leichnam Jesu auf dem Grablegungsbild unterhalb des Kreuzes zeigt schon erste Spuren der Verwesung. Der Schrecken des Todes ist brutal. Da ist nichts von gelassener Heiterkeit. Jesus ist nicht der strahlende Sieger, der unberührt über den Leiden der Menschen und unangefochten über seinem eigenen Schicksal steht. Er geht die dunklen Wege der Ohnmacht und Niederlagen mit. Er verzichtet im Ölgarten auf das Schwert des Petrus und auf die Legionen Engel. Er geht freiwillig in ein Gerichtsverfahren, das ihm keine Chance lässt. Er lässt sich lieber niederschlagen und aufs Kreuz legen, als dass er zurückschlägt. Die Leute sagen: Wenn du der Sohn Gottes bist, dann zeig, was du kannst. Steig herab vom Kreuz. Einem Gottessohn kann doch nichts passieren. – Welch ein Irrtum! Diesem Sohn Gottes passiert fast alles, was einem Menschen zustoßen kann.

Gottespassion

Ist das Schwäche? Von außen betrachtet mag das so scheinen; in Wahrheit liegt da Gottes Stärke und verwandelnde Kraft. Sie bewegt etwas, sie verändert die Verhältnisse von Grund auf. Die Stärke, die sich die Starken gegenseitig zuschieben oder sich streitig machen, erhält den Status quo: hier Mächtige, dort Ohnmächtige. Jesus dagegen lässt uns Gott in der Ohnmacht entdecken. Seine verwandelnde Macht umfängt nicht nur die Starken, sondern auch und gerade die Schwachen. Es ist und bleibt für uns anstößig: Gerettet und erlöst sind wir nicht durch die Macht der Mächtigen, sondern durch die Teilnahme Gottes an unserer Ohnmacht, durch sein Mitleiden und seine Treue bis in den Tod. Damit wird die Ohnmacht nicht verherrlicht; das Leid hat nicht aus sich heraus erlösende Kraft. Gerettet sind wir durch die Liebe, die bis zum Letzten geht, bis zur Hingabe des Lebens. Der christliche Glaube lädt ein zur Teilnahme an der Gottespassion, zum Mitleiden an der noch unfertigen Welt, Schmerzen zu ertragen im Prozess der Wandlung vom Bösen zum Guten, vom Hass zur Liebe. Glaubend lässt sich der Christ in Mitleidenschaft ziehen in der Kraft des Geistes Jesu.

Ich mag dich leiden

Wir sagen: Du, ich mag dich leiden. Seltsam, dass wir »leiden« sagen, wenn wir »lieben« meinen. Das gibt zu denken. Ein Gott, der liebt, macht sich verletzlich, verwundbar. Jesus nimmt aus Liebe zu uns das Kreuz auf sich und leidet mit. Aber er geht darin nicht unter, er steht auf zu neuem, unvergänglichem Leben. – Es gibt keine Situation, in der Gottes Möglichkeiten am Ende sind. Seine Liebe bewährt sich im Leiden. Er sagt zu uns durch das Kreuz: Du, ich mag dich leiden.

OSTERZEIT

»Was sucht ihr den Lebenden bei den Toten?«

OSTERNACHT

Schrifttext: Lk 24,1–12[1]

Selbstverständlich?

So leicht ist es nicht, Ostern zu feiern. Der Unterschied zur Situation, die uns das Evangelium schildert, ist offenkundig: Wir gehen nicht zu einem Grab, sondern zum Gottesdienst. »Das Grab ist leer ...« – das ist für uns keine Überraschung, wir haben das einschlägige Lied im Ohr. Und wir wissen längst, was die Engel verkündigen: »Er ist auferstanden« (6). Das kennen wir, wie das Halleluja, das heute wieder erklingt. Das alles ist einfach dran, wie selbstverständlich. Aber es versteht sich gerade nicht von selbst, auch nicht von uns her, sondern allein von Gott her.

Die Macht des Todes ist gebrochen

Von selbst versteht sich der Tod. Damit müssen wir rechnen. Er liegt in unserer Erfahrung. Wir können ihn uns zufügen, und er ereilt uns. Aber die Auferstehung übersteigt jede Erfahrung. Es geht nicht um Reanimierung und nicht um Reinkarnation! Jesus ist in den Todesgraben hinuntergestiegen, aber er ist nicht zur alten Seite zurückgekehrt; er ist zur anderen Seite hochgestiegen, wo es keinen Tod mehr gibt. Der Tod ist nicht aufgeschoben, sondern aufgehoben, er ist nicht überspielt, sondern überwunden. Das ist nicht zu fassen, das geht über unseren Horizont. Und darum kommen die Fragen, die Einwände: ›Wie soll ich mir das vorstellen? Ich sehe nichts davon, dass die Macht des Todes gebrochen

1 Das Evangelium kann auch am Ostersonntag genommen werden.

ist. Die Gräber, vor denen ich stehe, sind nicht leer. Das grausame Spiel von Gewalt, Leid und Tod geht weiter, auch nach Ostern.‹ Das sind die handfesten Realitäten. Die sind nicht aus der Welt zu schaffen. Oder doch? Nicht von uns!

Suche am falschen Platz

Die Frauen im Evangelium scheuen keine Mühe, sie tun das Menschenmögliche. In aller Frühe machen sie sich auf mit ihren wohlriechenden Salben. Sie tun, was sie können. Aber was können sie schon tun? Mit Balsam den Geruch der Verwesung bannen und die äußere Gestalt des Toten konservieren, als sei er noch da. Nichts gegen solch pietätvollen Dienst. Die Frauen werden deswegen nicht zurechtgewiesen. Aber sie werden von den Engeln über ihr eigenes Suchen hinausgewiesen: »Was sucht ihr den Lebenden bei den Toten?« (5). Mit anderen Worten: ›Ihr sucht Jesus am falschen Platz. Ihr dürft und sollt mehr suchen als einen Toten.‹ Wen denn? Wo hat man nicht Jesus im Laufe der Geschichte überall gesucht? Was hat man nicht alles aus ihm machen wollen? Einen edlen Humanisten, einen Vorkämpfer des sozialen Fortschritts oder einen politischen Revolutionär. Hilflose Versuche, etwas aus ihm zu machen, ihn mit allen Mitteln am Leben zu halten, ein Suchen am falschen Platz. Osterglaube ist das nicht, sondern Totenverehrung. Wir Menschen können Jesus nicht lebendig machen oder lebendig halten. Jesus lebt nicht von unserer und der Kirche Gnaden, er lebt aus der Kraft Gottes, »der die Toten lebendig macht und das, was nicht ist, ins Dasein ruft« (Röm 4,17). Das ist der Grund unserer Hoffnung.

Mumiendienst?

An Ostern geht es zuerst und zuletzt nicht um das, was wir aus Jesus machen, sondern um das, was Gott gemacht hat.

Darum ist es auch nicht damit getan, dass wir Fragen an ihn haben. Er hat Fragen an uns. Die stehen da, mitten im Evangelium: »Was sucht ihr den Lebenden bei den Toten?« Ist unser Glaube nur noch Balsam, mit dem wir aus Gründen der Pietät guten Geruch verbreiten möchten? Dient er gerade noch dazu, von Weihnachten über Ostern und Pfingsten, von Taufe über Erstkommunion und Hochzeit bis hin zur Beerdigung das Leben etwas feierlicher zu gestalten? Versuchen wir, eine tote Gestalt zu konservieren, als ob nicht bereits Würmer an den Restbeständen nagten? Wahren wir Jesus nur noch ein frommes Andenken? »Was sucht ihr den Lebenden bei den Toten?« So ist nicht nur jede und jeder Einzelne von uns gefragt, so ist die Kirche gefragt. Sucht sie Jesus am richtigen Platz, bei den Lebenden? Wie viel in ihr ist Mumiendienst, pietätvolle Pflege einer vergangenen Gestalt? Wo sind wir auf dem Weg zum Grab, statt dass wir Zeugnis vom Lebendigen geben? »Was sucht ihr den Lebenden bei den Toten?« Diese Frage darf in der Kirche nicht zum Schweigen kommen. Sind wir Zeugen des lebendigen Herrn? Dann sind wir am richtigen Platz – in Kirche und Gesellschaft.

Lumen Christi

OSTERNACHT

Von den Philippinen ist uns diese Geschichte überliefert: Ein König hatte zwei Söhne. Mit den Jahren beschloss er, einen der beiden zu seinem Nachfolger zu bestellen. Aber wen? Er gab jedem fünf Silberstücke und sagte: »Füllt mit diesem Geld die Halle bis zum Abend. Womit, das ist eure Sache.« Der älteste Sohn machte sich sofort auf den Weg. Er kam an einem Feld vorbei, wo gerade Zuckerrohr geerntet und ausgepresst wurde. Das leere Zuckerrohr lag zuhauf am Feldrand. Er dachte sich: Damit werde ich die Schlosshalle ausfüllen. Schnell wurde er mit den Arbeitern handelseinig, und sie schafften für die fünf Silberstücke das ausgepresste Zuckerrohr in die Halle. Als sie voll war, ging er freudestrahlend zu seinem Vater: »Ich habe die Aufgabe erfüllt. Mach mich zu deinem Nachfolger.« – Der Vater antwortete: »Noch ist es nicht Abend. Ich werde warten.« Als die Dämmerung übers Land einbrach, kam der jüngere Sohn zurück. Er sah, was in der Schlosshalle geschehen war. Er sagte: »Schafft das leere Stroh weg.« So geschah es. Dann stellte er eine Kerze mitten in die Halle und zündete sie an. Ihr Licht erfüllte den ganzen Raum bis in den letzten Winkel. Der Vater sagte: »Du sollst mein Nachfolger sein. Dein Bruder hat fünf Silberstücke ausgegeben, um die Halle mit nutzlosem Zeug zu füllen. Du hast nicht einmal ein Silberstück gebraucht und hast sie mit Licht erfüllt. Du hast sie mit dem erfüllt, was die Menschen brauchen.«

»Da geht mir ein Licht auf«

Womit sind wir ausgefüllt? Mit Terminen, Plänen, Problemen … Wir sind mit allen möglichen Dingen besetzt, haben den Kopf voll. Bei Licht betrachtet, ist es oft genug leeres Stroh. Das bekommen wir mengenweise frei Haus geliefert, von morgens bis abends, auf zig Kanälen. Oft genug werden wir auf diese Weise hinters Licht geführt; aber es geht uns kein Licht auf. Wir sind ausgefüllt, aber nicht erfüllt. Das ist etwas anderes. Genau darum geht's, dass wir Erfüllung finden.

Sie kennen das: Man sitzt da und kommt nicht weiter. Auf einmal geschieht's: »Da geht mir ein Licht auf.« Das ist eine kostbare Erfahrung, wie eine Erleuchtung. Etwas leuchtet uns ein. Wenn das geschieht, dann erhellt sich unser Gesicht. Wir strahlen, von innen her. Das ist etwas ganz anderes, als wenn wir angestrahlt werden. Das Rampenlicht blendet sehr leicht, man sieht nichts mehr. Das Licht, das von innen kommt, öffnet die Augen. »Da geht mir ein Licht auf.« Das kann man nicht machen. Das haben wir nicht in der Hand. Es leuchtet uns ein, wie von einer anderen Energiequelle her. Das ist wie ein Geschenk des Himmels.

Das Licht der Welt

»Es werde Licht«, das ist das erste Wort Gottes am Anfang der Welt (Gen 1,3). Es ist auf Jesus Christus hin gesagt (vgl. Joh 1,9). Mit ihm ist der Welt das Licht aufgegangen, er ist das Licht in Person. »Ich bin das Licht der Welt«, sagt er (Joh 8,12). Lumen Christi – Christus, das Licht! Viele Menschen sind heute auf Erleuchtung aus. Religiöse Lichtangebote gibt es in Mengen. Zahllose Lichtagenturen machen ihr oft dunkles Geschäft mit dem Licht. Man kann sich wie im Supermarkt selbst bedienen, im Vorübergehen, mal hier, mal dort: fernöstlich, esoterisch, wie's gerade passt. Aber Erleuchtung ist nicht als Ware auf dem Markt zu haben, sie schenkt sich. Man kann sie nicht einschalten wie eine Glühlampe. Lumen Christi: Das ist kein x-beliebiges Licht aus dem Angebot moderner Selbstbeleuchtungsanlagen. Es leuchtet nicht still vor sich hin, um eine gemütliche Atmosphäre zu erzeugen. Es will die Welt erhellen, erleuchten, erwärmen. Christus will in der Welt Orientierung ermöglichen: »Ich bin das Licht der Welt.«

Ein Lichtblick!

In seinem Licht sieht man die Welt und die Menschen mit anderen Augen. Jeder Mensch ist Mensch, nicht mal mehr –

mal weniger, nicht mal wertvoll – mal unwert, wie man es vor Jahren hierzulande propagiert und in Gaskammern exekutiert hat. Im Lichte Jesu erkennt man im Gesicht des anderen den Bruder, die Schwester, im Fremden den Freund. Jeder Mensch ist Mensch – im Lichte Jesu, gleichberechtigt und unantastbar in seiner Würde, gerade auch die Schwachen und Armen, alle, die auf der Schattenseite des Lebens sind. Christus ist gekommen, »um allen zu leuchten, die in Finsternis sitzen und im Schatten des Todes« (Lk 1,79). Er bringt Licht in die Dunkelheit des Todes. Er hebt die Nacht nicht auf, aber er scheut sie nicht, er erleuchtet sie. In seinem Licht können wir auch zu unseren Schatten stehen, zu den Schatten unserer Geschichte und unseres eigenen Lebens. Lumen Christi – das gehört auf den Leuchter, damit es allen in der Welt leuchte. Man kann doch nicht so tun, als gäbe es dieses Licht nicht. Wir dürfen es nicht verstecken. Es kann sich sehen lassen.

Viele sehen heute schwarz, wenn sie »Kirche« hören. Woran liegt das? Schauen wir die Kerze an: Sie will sich nicht selbst erhalten, sie verzehrt sich im Leuchten. Wer sich selber anschaut, leuchtet nicht. Ob wir zu sehr darauf aus sind, uns anstrahlen zu lassen? Das Licht, das von innen kommt, leuchtet anderen ein. Lumen Christi – steckt das in mir? Füllt es mich aus, erfüllt es mich? Ist es so in mir, dass ich mir das Leben gar nicht mehr anders vorstellen könnte? Das Licht von innen strahlt aus. Andere werden's merken: »Mensch, da geht mir ein Licht auf.« Das leuchtet ein. Ein Lichtblick!

Ausstrahlen statt anstrahlen

OSTERSONNTAG

Schrifttext: 2 Kor 5,14–18

Der Isenheimer Altar

Sie kennen sicher den Isenheimer Altar von Matthias Grünewald. Sehr oft ist nur das Kreuz abgebildet. Nicht minder ausdrucksstark ist das Osterbild. Ich kenne keine treffendere Darstellung des auferstandenen Christus: Eine Gestalt von überirdischer Schönheit in leuchtenden Farben. Sie wird nicht angestrahlt, sie strahlt von innen heraus – wie die Sonne. Auf den ersten Blick könnte man meinen, Jesu Körper habe sich in einen Astralleib verwandelt. Aber genau diesen Eindruck vermeidet Grünewald sehr bewusst. An den Wundmalen lässt er unverkennbar den Gekreuzigten erkennen. Mit Esoterik hat er ganz und gar nichts im Sinn. Er zeigt auch nicht die vom Leib befreite Seele im Kreis der Seligen. Ihm liegt alles daran, das Wunder einer Verwandlung anzudeuten, das sich in Jesus mit seiner unverwechselbaren Lebensgeschichte ereignet hat. Der Auferstandene ist der Gekreuzigte, dieselbe Person – ganz anders, einfach vollkommen, vollendet. Die Wahrheit seines Lebens kommt ans Licht, eine Gestalt von unzerstörbarer Endgültigkeit.

Nicht zu fassen

Aus den sparsamen biblischen Ostertexten erfahren wir kaum etwas über die Umstände der Auferweckung Jesu. Sie sagen nur, dass er sich zeigt und Menschen anspricht (wie Maria von Magdala), dass er sich zu erkennen gibt. Oder: dass Gott ihn »sehen« lässt, indem Menschen die Augen aufgehen und das Herz. In einem Punkt sind die Erzählungen bemerkenswert genau: Sie unterscheiden trennscharf zwischen der Auferweckung des Lazarus durch Jesus und der Auferweckung Jesu durch Gott. Lazarus kehrt in sein früheres Leben zurück. Es ist, als wäre nichts gewesen, es bleibt alles beim Alten. Bei Jesus ist das ganz anders. Sein Tod bringt nicht nur eine kurze Unterbrechung seiner Lebensgeschichte. Es geht nicht ebenerdig weiter. Der Auferstandene lebt in einer neuen Sphäre, die das vorhandene Weltgefüge unendlich übersteigt. Er erreicht eine neue Dimension, die unendlich weit über unsere Vorstellungen hinausgeht: »Das Alte ist vergangen, siehe, Neues ist geworden« (17). »Nicht zu fassen«, sagen wir, »du kannst dir kein Bild davon machen.« Und Grünewald wagt's. Er malt, was nicht zu fassen ist. Er geht an die Grenze und weist über sie hinaus.

Hart wie der Stein

Die Grenze ist hart wie der Stein, der vor dem Zugang zum Grabe liegt. Da läuft sich alle Geschäftigkeit tot. Da sind wir mit unserem Latein am Ende, und mit unserem Griechisch auch – was Platon und seine Seelenlehre betrifft. Unser Leben endet im Tod, daran führt kein Weg vorbei. Gegen den Tod ist kein Kraut gewachsen. Das wissen wir. Wir können uns nicht selbst aus dem Abgrund des Todes herausholen. Dafür gibt es unter Menschen keine Kompetenz und Macht. Die Vollendung unseres Lebens ist weder das Ergebnis einer kontinuierlichen Evolution der irdischen Verhältnisse noch unsere Erfindung oder äußerste Fortschrittstat, nein, die hat Gott sich selbst vorbehalten. »Das alles kommt von Gott«, sagt Paulus klipp und klar (18).

Der Tod des Todes

»Das alles kommt von Gott ...« Was kommt von Gott? Er teilt uns nicht *etwas* über das ewige Leben mit, er teilt *sich selbst* mit, in seinem Sohn Jesus Christus. Gott holt uns aus dem Tod heraus, indem er solidarisch an unserem Leben und an unserem Sterben teilnimmt. Nun hat es der Tod mit Gott zu tun. Ihm muss er das letzte Wort lassen. Jesus Christus ist der Tod des Todes. »Er ist für alle gestorben, damit die Lebenden nicht mehr für sich leben, sondern für den, der für sie starb und auferweckt wurde« (15). – Was bleibt uns angesichts des Todes? Es bleibt Jesus Christus. Er steht für die neue Schöpfung, die nicht mehr im Zeichen des Todes steht, sondern im Zeichen des Lebens. Er ist der Garant des ewigen Lebens. Worauf es also ankommt ist, in ihm zu sein. »Wenn jemand in Christus ist, dann ist er eine neue Schöpfung: Das Alte ist vergangen, siehe, Neues ist geworden« (17).

Ein neues Lebensgefühl

Das schafft ein anderes Lebensgefühl, ein anderes Leben. Unsere Lebensdynamik erfährt eine neue Richtung: nicht mehr rein biologisch vom Leben zum Tod, sondern mit Christus vom Tod zum Leben. Das ist die Maßgabe. »Also kennen wir von jetzt an niemanden mehr dem Fleische nach« (16). In unserem Leben steckt mehr drin, als wir von Adam und Eva her in den Genen oder in den Knochen haben. Christi Weg ist in unseren Weg eingezeichnet, gegenläufig zum Adamsweg, nicht vom Leben zum Tod, sondern vom Tod zum Leben. Ein solcher Lebensweg strahlt aus, vom auferstandenen Christus her, wie bei Grünewalds Osterbild. Die Energie kommt von innen. Wir verpulvern unsere Energie allzu sehr in die Anstrahlung. Schade! Der Weg der Reform führt von der Anstrahlung in die Ausstrahlung. Menschen mit Ausstrahlung sind gefragt.

Auf dem Weg

OSTERMONTAG

Schrifttext: Lk 24,13–35

Weit vor Ostern

Man kann nach dem Osterereignis weit vor Ostern sein. So geht es den beiden Jüngern auf ihrem Weg nach Emmaus. Sie lassen den Kopf hängen und sehen die Sonne nicht. Von Ostern keine Spur. Sie kehren Jerusalem, dem Ort des Heils, den Rücken. Sie wandern ab, wie viele heute resigniert und enttäuscht aus der Kirche austreten. Die Geschichte mit Jesus ist für sie vorbei. Sie wissen zwar, was er gesagt und getan hat, aber sie können nur traurig davon erzählen.

Der dritte Mann

Während die Zwei niedergeschlagen ihren Weg gehen, gesellt sich ein anderer zu ihnen. Er hört den beiden zu, erfährt, was sie umtreibt. Sie haben auf Jesus gesetzt und von ihm das Heil erwartet. »Wir aber hatten gehofft ...« (21). Ihre Hoffnung haben sie mit Jesus begraben. Das Kreuz ist der Punkt, über den sie nicht hinwegkommen. Wer so elend endet, kann doch nicht der Messias sein. Warum muss der Gerechte so schmählich scheitern, ohne dass Gott auch nur einen Finger rührt? Warum? Fragen, die kein Mensch beantworten kann.

Warum?

Der unbekannte Dritte hört, fragt nach, bringt zum Nachdenken. Er weiß, wovon er spricht. Er kennt die Frage nach dem Warum aus eigener Erfahrung. Sie ist seine Frage am Kreuz: »Mein Gott, mein Gott, warum hast du mich verlassen?« (Mk 15,34). Er verweist auf die Heilige Schrift und öffnet den beiden Jüngern die Augen, sie zu verstehen. Muss das nicht so sein? Wer wie Jesus gegen das Leiden kämpft, der bekommt es am eigenen Leib mit dem Leiden zu tun. Der Arzt wird verwundet. So will Gott die Wunden der Menschheit heilen, indem er sie selbst durchleidet. Warum geht es nicht anders? Diese Frage ist nicht mit einem Satz zu erledigen. Sie braucht zur Antwort einen langen Weg, 60 Stadien und mehr – ein ganzes Leben. In den entscheidenden Fragen des Glaubens und Lebens gibt es keine Abkürzungen. Da muss man sich Zeit lassen und Geduld haben. Es ist gut zu wissen, dass wir Jesus nicht erst am Ende des Weges begegnen, sondern schon unterwegs.

Im Fragment

Der Abend bricht ein. »Bleibe bei uns …« (Lk 24,29), drängen die beiden Jünger, bleib doch bei uns, damit wir nicht unter uns bleiben in unserer Ratlosigkeit. Wer die Nacht des Lebens kennt, der weiß es zu schätzen, nicht allein zu bleiben mit seinen Fragen: »Da ging er mit ihnen hinein, um bei ihnen zu bleiben« (29). Und er »nahm das Brot, sprach den Lobpreis, brach das Brot und gab es ihnen« (30). Im Brotbrechen ist er da, der ganze Jesus, die Summe seines Lebens und Sterbens. Das Ganze im Fragment, im Bruchstück. Da gehen den beiden Jüngern die Augen auf, sie erkennen Jesus.

»Brannte nicht unser Herz …?«

Eigenartig: Die Emmaus-Jünger erkennen Jesus zunächst nicht, und als sie ihn erkennen, entzieht er sich ihnen. Der Auferstandene ist nicht einfach nur wieder da. Man kann ihn nicht festhalten. Er ist nicht zu fassen. Und doch eröffnet die Erzählung auf zwei Wegen einen Zugang zu ihm: Im Hören auf sein Wort und im Brotbrechen ist er da (wie in der Eucharistiefeier). Da gehen den Jüngern nicht nur die Augen auf, da brennen auf einmal ihre müden Herzen (vgl. 32). Da haben sie nichts Wichtigeres zu tun, als aufzubrechen und den anderen in Jerusalem das Erlebte mitzuteilen. Die rufen ihnen schon zu: »Der Herr ist wirklich auferstanden« (34).

Man kann sich heute leicht aus dem Staub machen; aber dann fragt man sich schließlich, warum man überhaupt aufgebrochen ist und mit welchem Ziel man unterwegs ist im Leben. Jeder mag darauf achten, dass ihm das Wort nicht ausgeht, das seinem Leben Richtung gibt, und dass ihm das Brot nicht ausgeht, das gebrochene Brot, von dem wir leben. Das schenkt uns die Gewissheit: Jesus lebt.

Mein Herr und mein Gott!

2. SONNTAG DER OSTERZEIT

Schrifttext: Joh 20,19–31

Ins Stocken geraten

Als Priester habe ich in den über 60 Jahren meines Dienstes oft am Grabe gestanden. Wenn der Sarg ins Grab gesenkt wird, heißt es: »Christus, der von den Toten auferstanden ist, wird auch dich zum Leben erwecken.« Früher wurde an dieser Stelle ein Wort Jesu aus dem Johannesevangelium zitiert: »Ich bin die Auferstehung und das Leben. Wer an mich glaubt, wird leben, auch wenn er stirbt« (11,25). Das am offenen Grab zu sprechen – da kann man ins Stocken geraten. Den Sarg mit dem Leichnam haben wir unmittelbar vor Augen, aber die Auferstehung? Die kennen wir nur vom Hörensagen. Was ist da wirklich dran? Die Frage treibt die Christen um, solange es sie gibt. Der Prototyp dafür ist Thomas.

Den Finger in die Wunde legen

Thomas will der Sache auf den Grund gehen. Er will nicht nur hören, was die anderen sagen, er will selbst sehen und berühren. Er will zusammenhalten, was nach christlichem Glauben zusammengehört: Vernunft und Glaube, empirische Wirklichkeit und Transzendenz. »Wenn ich nicht das Mal der Nägel an seinen Händen sehe und wenn ich meinen Finger nicht in das Mal der Nägel … lege, glaube ich nicht« (20,25). Thomas will den Finger in die Wunde legen. Er will sich vergewissern, dass der, von dessen Auferweckung die anderen Jünger sprechen, wirklich der gekreuzigte Jesus von Nazaret ist. Jesus weist den Thomas nicht ab. Er respektiert seinen eigenständigen Weg: »Streck deinen Finger hierher aus und sieh meine Hände …« (27). Zufassen, nachfragen, das ist auf dem Weg zum erwachsenen Glauben nicht nur erlaubt, sondern geradezu geboten, wenn man seinen Verstand nicht durch den Glauben verbiegen will.

Projektion?

Auferstehung – was ist da wirklich dran? Ein Wunschtraum, eine Projektion? Ein Urbild, das in unserer Seele schlummert? Bei alledem bleiben wir schließlich und endlich mit uns selbst allein. Ist das alles? Oder kommt uns ein anderer entgegen, ein Gegenüber? Eben das bezeugen die Ostererzählungen in ihrer Vielfalt einmütig. Thomas erfährt, dass er es mit Jesus zu tun hat. Der ist nicht einfach wieder da wie vorher, aber er erscheint auch nicht wie eine ätherische Lichtgestalt. Er hat seine irdische Geschichte nicht abgestreift, sie hat deutlich Spuren hinterlassen. Dafür stehen die Wundmale. Wie könnten sie verschwunden sein, sind sie doch die Zeichen seiner Hingabe und Liebe. Und sie bürgen dafür, dass die Auferstehung im Fleisch haftet. Sie bricht dort ein, wo der Tod sitzt, wo denn sonst? Der Kirchenvater

Tertullian sagt: »Caro cardo salutis – das Fleisch ist der Angelpunkt des Heils.«

Wunden

Wunden führen nach innen in die Tiefe. Würden wir sie überspringen, wäre der Glaube flach und oberflächlich. Es sind gerade die Wunden, die uns im Leben und im Glauben zu schaffen machen: die unheilbare Krankheit, das erlittene Unrecht, das Scheitern und nicht zuletzt der weltweite Terror unter Berufung auf Gott. Die offenen Wunden sind wie offene Fragen an Gott. Sie lassen uns nicht selten an Gott und der Welt zweifeln: Warum, Gott, warum das alles? Die Frage nach dem Leiden wird im Glauben nicht *ge*löst, aber sie wird *er*löst. Sie trifft in Jesus auf einen Betroffenen. Der Gott, an den Christen glauben, geht an den Wunden nicht vorbei; er trägt sie selbst und geht darin nicht unter, sondern ersteht zu einem neuen Leben, das den Tod hinter sich hat.

Herantasten

Es gibt zu denken, dass Thomas sich über die Wunden an Christus herantastet. Sie sind der Wegweiser zum Glauben. Am Ende schaut Thomas nicht nur die Wunden, sondern Christus selbst: »Mein Herr und mein Gott!« (28). – Und wir? »Selig sind, die nicht sehen und doch glauben« (29). Wir haben die, die gesehen haben, jemanden wie Thomas, dem es bei allen Fragen geschenkt war, den auferstandenen Herrn zu sehen und ihn zu ertasten. Ihm dürfen wir vertrauen. Und vielleicht gehen uns darüber die Augen auf für die Zeichen der Auferstehung unter uns. So können wir auf dem Weg des Glaubens zur inneren Gewissheit gelangen: »Mein Herr und mein Gott!« (28).

In der Morgendämmerung

3. SONNTAG DER OSTERZEIT

Schrifttext: Joh 21,1–14

Ostern im Alltag

Wie mag Ihnen zumute sein an diesem Sonntag der Osterzeit? Vielleicht haben Sie sich gefreut auf den Gottesdienst und singen aus vollem Herzen: »Christ ist erstanden ...« Vielleicht haben Sie – ganz anders – bewusst einen Platz hinten in der Kirche gewählt, möglichst weit weg vom Altar. Mag sein, dass Ihnen das Leben übel mitgespielt hat, dass Enttäuschung und Verlust Sie quälen, dass die Gebrechlichkeit des Alters Sie zögernd auf den Weg nach hier hat aufbrechen lassen. Es ist ein großer Unterschied, ob man das Osterevangelium im Aufbruch des Lebens verkündigt hört, oder ob man im Rückblick ernüchtert Bilanz zieht in der Gotteserfahrung, im kirchlichen Alltag, im persönlichen Leben. Mit all dem, was uns umtreibt und zu schaffen macht, sind wir mitten im Evangelium einer seltsamen Ostererzählung: eigentlich nicht Sonntag, sondern Ostern im Alltag. Die Jünger sind wieder in ihrem alten Beruf als Fischer tätig. Wir wissen ja, wie das losging mit Jesus. Er hatte sie weggerufen von ihren Fischerbooten: »Kommt her, mir nach! Ich werde euch zu Menschenfischern machen. Sofort ließen sie ihre Netze liegen und folgten ihm nach« (Mt 4,19 f). Und jetzt? Zurück in frühere Zeiten, wie wir das machen, wenn wir keine neuen Perspektiven mehr haben. »Ich gehe fischen«, sagt Petrus (Joh 21,3), und die anderen kommen mit. Die alte Umgebung, das alte Lied. Der Elan des Aufbruchs ist versackt in der Banalität des Alltags. Die Menschenfischer sind wieder auf ganz gewöhnliche Fische aus. War's das?

Ein Offenbarungseid

Die Sieben fahren aus, rackern sich ab, schlagen sich die ganze Nacht um die Ohren, und die Bilanz? Null! »In dieser Nacht fingen sie nichts« (3). Als sie müde und abgekämpft zurückkehren, wartet im Morgengrauen ein anderer auf sie. Noch ist ihnen nicht klar, wer das ist. Aber so viel ist sicher: In der Stunde des Misserfolgs sind sie nicht alleingelassen. Der andere fragt sie offen heraus: »Habt ihr keinen Fisch zu essen? Sie antworteten ihm: Nein« (5). Wie ein Offenbarungseid! Misserfolg ist das eine, ihn zuzugeben, das andere. Oft braucht es viel Zeit, bis wir uns und anderen eingestehen können, dass die Ausfahrt im Leben den erhofften Gewinn nicht gebracht hat. Das kann zur Gnade werden, zur Gnade des Nullpunktes: So wie's war, geht's nicht weiter. Würden wir das nur zugeben, auch als Kirche!

Eine Zumutung

Der da am Ufer steht, lässt die Fischer nicht in ihre Enttäuschung versinken, sondern fordert sie heraus: »Er aber sagte zu ihnen: Werft das Netz auf der rechten Seite des Bootes aus, und ihr werdet etwas finden« (6). Nach allem, was vorausgegangen ist, eine Zumutung! Er mutet den Jüngern zu, sein Wort wichtiger zu nehmen als alle Berufserfahrung und am helllichten Tag neu auszufahren. Sie tun es und erleben, dass das Wort dieses Fremden trägt und Ertrag bringt. Der Fang übertrifft alle Erwartungen. Die leeren Netze aus der Nacht sind zum Bersten voll. Wir ahnen gar nicht, was der Herr mit den leeren Netzen unseres Lebens macht, wenn wir seinem Wort Glauben schenken.

Eingeladen zum Essen

Als die Jünger ans Ufer kommen, ist das Essen auf dem Kohlenfeuer schon fertig. Sie müssen es nicht selbst zubereiten, sie werden nicht mit dem Erfolg ihrer Arbeit abgespeist. Das, wovon wir letztlich leben, brauchen wir nicht selbst zu machen. Wir können es auch gar nicht. Die Nacht der Vergeblichkeit hat es deutlich gezeigt. Zwar können wir beisteuern, was wir in unseren Netzen haben, es teilen mit den anderen. Aber das Brot, von dem wir in Wahrheit leben, ist nicht unser Werk, es wird uns geschenkt – wie in der Eucharistie.

Vom anderen Ufer her

Eine Ostererzählung in der Dämmerung des Lebens und des Glaubens. Die Jünger wissen zunächst gar nicht: Ist er's, ist er's nicht? Es braucht seine Zeit, bis es ihnen dämmert. Erkannt wird Jesus erst nach dem überraschenden Fang, und zwar durch den, den er liebt und der ihn liebt. Seine Präsenz kommt zum Vorschein in der Beziehung und – schmerzlich genug – im Sichentziehen. Nie haben wir ihn im Griff, Ostern schon gar nicht. Wo wir nicht einfach nur so weiterwurschteln, sondern das ganze Ausmaß unserer Vergeblichkeiten und Ratlosigkeiten, unserer Kirchenaporien anerkennen und bekennen, da zeigt er sich uns vom anderen Ufer her, dem Osterufer. Er sendet uns, neu auszufahren.

Wenn Gottes Möglichkeiten Wirklichkeit werden

Das gilt nicht nur für die Kirche. Es ist jeder und jedem von uns gesagt, die wir Ostern in unserer eigenen Lebensgeschichte auf die Spur kommen möchten. Unsere Wege werden unsere Wege bleiben. Unsere Tage werden nicht zu Träumen, sie wollen bestanden werden, alltäglich. Aber gerade darin kann die Erfahrung aufbrechen: Es gibt noch ganz andere Lebensmöglichkeiten als die, die in unseren Kräften stehen, größere, unbedingtere, die Möglichkeiten Gottes mit uns: in der Leere die Fülle, im Tod das Leben.

Manchmal stehen wir auf
Stehen wir zur Auferstehung auf
Mitten am Tage
Mit unserem lebendigen Haar
Mit unserer atmenden Haut …
(Marie-Luise Kaschnitz)

Ich wünsche Ihnen solche Ostererfahrungen – nicht nur in der Osterzeit.

Das Hirtenwort

4. SONNTAG DER OSTERZEIT

Schrifttext: Joh 10[1]

Scheren und schlachten?

»Es gibt«, las ich bei einem zeitgenössischen französischen Schriftsteller, »zwei Arten von Hirten: Die einen interessieren sich für die Wolle, die anderen für das Fleisch. Für die Schafe interessiert sich niemand.« Ein hartes Wort, zeitkritisch. Es zeigt jedenfalls, dass die Hirten nicht ausgestorben sind. Sie tragen andere Namen, etwa »Chef«; aber es gibt sie immer noch. Oft sind sie »bezahlte Knechte« (12.13), manchmal auch käuflich. Sie wollen vor allem ihre Schäfchen ins Trockene bringen. Was interessieren sie die Schafe! Sie denken an Wolle und Fleisch, ans Scheren und Schlachten. Wer nichts mehr bringt, wird zum alten Eisen geworfen. Wie viele fühlen sich einsam und verlassen, weil man sich nur für ihre Leistung interessiert, nicht für sie selbst?

1 Der vorliegende Text bezieht sich auf die ganze Hirtenrede Joh 10.

Wem vertrauen?

Was sagt uns das Bild vom guten Hirten im Spannungsfeld zwischen Selbstbestimmung und Sehnsucht nach Geborgenheit und Orientierung? Der Zug zur Individualisierung führt nicht selten zur Vereinzelung und lässt Menschen vereinsamen. Sie fragen: Wem kann ich vertrauen? Wer hat Zeit für mich? Wer gibt mir Halt, wenn meine Kräfte schwinden? Es steckt in uns eine unzerstörbare Sehnsucht, jemandem zu begegnen, der uns achtsam und behutsam in seine Obhut nimmt, dem wir uns anvertrauen können – wie einem Hirten.

Der Weg ins Freie

Jesu Hirtenbild ist keine Schäferidylle, es hat klare, scharfe Konturen. Der gute Hirt führt ins Freie und gibt in der Freiheit Halt. Er setzt der Sehnsucht ein verlässliches Ziel: »Leben … in Fülle« (10). Er geht nicht etwa nur als Autoritätsgestalt voran, er geht dem Verlorenen nach, trägt es heim auf seinen Schultern und freut sich, dass er es wiedergefunden hat. Er kämpft für seine Herde, wenn sie durch Wölfe bedroht wird. Dann schont er sich nicht, er »gibt sein Leben hin für die Schafe« (11, vgl. 15.17). Darin unterscheidet er sich grundlegend vom bezahlten Knecht; der macht sich im Ernstfall aus dem Staub, »weil … ihm an den Schafen nichts liegt« (13). – Jesus zeichnet in seinem Hirtenwort ein Bild, das deutlich die Züge seiner eigenen Lebensgeschichte trägt. Es ist eine Art Selbstporträt: »Ich bin der gute Hirt« (11.14).

Oberhirten?

Kann man dieses Bildwort Jesu für Menschen wie uns in Anspruch nehmen? Die Heilige Schrift tut das, mit durchaus kritischem Unterton: Sie geißelt die Hirten, die sich selber mästen, statt dass sie sich für ihre Herde einsetzen. So einfach ist es nicht, in einem Atemzug von Jesus als dem guten Hirten und von den Hirten der Kirche zu sprechen, gar von Oberhirten. Die Hirten der Kirche sind in ihrem Dienst und Leben ganz und gar an den guten Hirten Jesus Christus verwiesen. Nur in seinem Namen und Auftrag können sie sich als Hirten verstehen. Nur wenn sie seine Stimme im Ohr haben, dürfen sie Gefolgschaft erwarten. Sein Wort weist den Weg. Er sagt: »Ich kenne die Meinen, und die Meinen kennen mich« (14). Er sagt das nicht mit dem Kennerblick eines Händlers, der darauf aus ist, die Schafe auszuschlachten. Er ist nicht an Fleisch und Wolle interessiert, sondern an den Schafen selbst. Er ist für sie da, ohne an Profit zu denken. »Kennen« – trifft das für die Hirten heute noch zu? Wen kennt der Pfarrer einer Großpfarrei? Da stehen die Namen der Mitglieder schließlich nur noch in der Kartei. Ist das nicht die Stunde, das Hirtenamt aller getauften und gefirmten Christinnen und Christen neu zu entdecken?!

Geruch der Schafe

Papst Franziskus hat in einer Ansprache an die Priester Roms gesagt: »Seid Hirten mit dem Geruch der Schafe.« Also: Man muss riechen können, dass ihr's mit Menschen von heute zu tun habt. Ihr Zeitgefühl muss euch in den Kleidern hängen, mehr noch: unter die Haut gehen. Manche werden sich fragen: Passen denn die Gerüche meines alltäglichen Lebens in die Kirche? Was hat der Glaube mit dem Kaffeeduft morgens zu tun, mit dem Angstschweiß vor einer Prüfung oder vor einer anderen schweren Aufgabe, mit dem Desinfektionsgeruch im Krankenhaus, mit dem Duft der Rose, die mit Liebe verschenkt wird? Gehören denn diese Gerüche des Alltags in unseren Sonntagsgottesdienst? Und ob! Man muss riechen können, in welchem Umfeld wir leben. »Seid Hirten mit dem Geruch der Schafe.«

Alles neu?!

5. SONNTAG DER OSTERZEIT

Schrifttext: Offb 21,1–5

Die Wende

»Seht, ich mache alles neu« (5). Ein Spitzensatz, den Gott selbst spricht. Die Bibel beginnt mit der Erschaffung der Welt und schließt mit deren Vollendung: »Seht, ich mache alles neu.« – »Alles neu macht der Mai«, singen die Kinder. Und in Ludwig Uhlands »Frühlingsglaube« heißt es: »Nun muss sich alles, alles wenden …« Schafft die Natur die große Wende? Es ist herrlich, zu sehen, wie sie in diesen Tagen und Wochen aus allen Poren quillt. Es grünt und blüht: »Alle Knospen springen auf …« Das kann eine Ahnung in uns wecken von der neuen Schöpfung. Zugleich wissen wir: Alles Neue, das der Mai uns erfahren lässt, sieht schon bald wieder alt aus, spätestens im November. Bleibt es also beim »ewigen Stirb und Werde«, wie Goethe meint? Nein, sagt der Glaube. Gott hat noch anderes vor mit seiner Schöpfung, jenseits unserer Möglichkeiten. Er weitet sie aus in eine neue Dimension: »Seht, ich mache alles neu.« Wie soll man das verstehen?

Wie neu geboren

Es gibt Augenblicke, in denen erleben wir uns wie neu geboren. Es ist, als wären wir ein neuer Mensch: »Wie neu geboren …« – darin liegt die Ahnung von etwas Neuem, das über unser altbekanntes Leben hinausgeht, von einer neuen Geburt: »Wie neu geboren …« Christen verbinden das mit der Taufe. Christ wird man nicht durch Geburt, sondern durch Wiedergeburt: »Wie neu geboren …« Was heißt das? – Wir alle sind aus Adams Geschlecht, gehen den Weg vom

Leben zum Tod. Das ist unser Menschenlos. Ist das alles? In unserem Leben steckt mehr drin, als wir von Adam und Eva her in den Knochen haben. Durch die Taufe ist der Weg Christi in unser Leben eingezeichnet, gegenläufig zum Adamsweg: nicht vom Leben zum Tod, sondern vom Tod zum Leben, durch Christi Kreuz und Auferstehung.

Die Hölle des Totalitarismus

Die Vorstellung von der neuen Schöpfung und vom neuen Menschen ist in der Neuzeit aus ihrem religiösen Zusammenhang herausgerissen worden und hat sich verselbständigt. Sie wurde säkularisiert. Das Neue kommt nicht von Gott, es wird machbar – in der ganzen Bandbreite vom Übermenschen Nietzsches bis zum reinrassigen Arier und Marxisten. Ob braun oder rot, immer wurde gnadenlos ausgemerzt, was nicht ins vorgefertigte Bild passt: zuerst Unvollkommenheiten des Menschen, dann die unvollkommenen Menschen, vorab die behinderten. Man versprach paradiesische Verhältnisse und landete in der Hölle des Totalitarismus. Wer aufhört, Gott zu dienen, fängt allzu leicht an, Gott zu spielen. Man muss wohl an Gott glauben, um dem Größenwahn zu entgehen, sich wie ein Herrgott zu gebärden.

Vollendung der Schöpfung

Nur wenn man im Glauben eine Herkunft hat, kann man eine Zukunft denken oder zumindest ahnen, die nicht nur aus uns selbst besteht, auch nicht aus dem ökonomischen oder gesellschaftlichen Fortschritt, auch nicht nur aus der Kraft der Natur und ihrer Evolution, sondern darin und darüber hinaus aus der Kraft Gottes. Der Glaube setzt in den Fragen der Zukunft nicht nur auf das Heil des einzelnen Menschen, sondern auf die Vollendung der Welt: »Seht, ich mache alles neu.« Wir dürfen diese so oft verschwiegene Wahrheit nicht den Sekten überlassen, die sich in fundamentalistischer Weise darauf stürzen und daraus Kapital zu schlagen versuchen. Es geht nicht darum, neueste Informationen über das Ende der Welt zu verbreiten, sondern darum, zu bezeugen, dass Gott seine Schöpfung nicht fallen lässt, sondern zur Vollendung führt.

Ewiges Leben

Christen binden ihre Hoffnung auf die neue Schöpfung weder an die Natur noch an den Fortschritt. Es sind auch nicht die eigenen Wünsche der Vater unserer Hoffnung – Gott ist es. Durch Todesschmerzen hindurch kommt die neue Schöpfung zum Vorschein. Seine Vision ist nicht der Garten Eden, nicht das Paradies, nicht Nostalgie, sondern die neue Stadt. Darin liegt eine ungeheure Spannung und Dynamik vom Paradies auf den ersten Seiten der Bibel bis zum neuen Jerusalem auf den letzten Seiten. Darin geht ein, was menschliche Kunst und Schaffenskraft einzubringen hat. Aber die neue Stadt ist nicht Menschenwerk, sondern Gottestat, die mit der Auferstehung Christi an Ostern begann. Gott hat dafür am Kreuz den höchsten Preis gezahlt: das Leben seines Sohnes. Wenn in der alten Schöpfung ein Kind weint, soll fortan jeder wissen, dass es ein Kind Gottes ist und dass Gott selbst die Tränen von seinen Augen abwischt (vgl. 4).

Auferstehung der Toten

5. SONNTAG DER OSTERZEIT[1]

Die Speerspitze

Der erste Teil in Goethes Tragödie »Faust« enthält die Szene, in der Faust sich das Leben nehmen will, weil er keinen Sinn mehr darin sieht. In diesem Augenblick hört er einen Engelchor singen: »Christ ist erstanden …« Er fühlt sich davon angesprochen und sagt: »Die Botschaft hör' ich wohl, allein mir fehlt der Glaube.« So denken über zwei Drittel der Bundesbürgerinnen und Bundesbürger. Laut Umfragen glaubt in unserem Land nur noch knapp ein Drittel der Bevölkerung an die Osterbotschaft. Was noch erschreckender ist: Nur jeder zweite Katholik glaubt an die Auferstehung der Toten. Dabei ist das die Speerspitze unseres Glaubens. Kann man Katholik sein und diesen zentralen Glaubensinhalt leugnen? Das ist ein Widerspruch in sich. Umso wichtiger ist es, den Glauben an die Auferstehung der Toten zu begründen. Ich möchte das in drei Punkten tun und damit zugleich darlegen, was meinen Glauben trägt.

Konsequenz des Glaubens an Gott

Wenn mich jemand fragt: »Warum glauben Sie an die Auferstehung der Toten?«, dann antworte ich kurz und bündig: weil ich an Gott glaube. Hätte der Tod das letzte Wort, wäre er stärker als Gott. Dann wäre Gott nicht Gott. Der Osterglaube ist die Konsequenz des Gottesglaubens. Gott lässt sich seinen Sohn durch den Tod nicht entreißen, vielmehr entreißt er ihn der Macht des Todes. Im Kreuz Jesu bekommt es

1 Zum 5. und 6. Sonntag der Osterzeit werden zwei thematische Predigten angeboten zu den letzten Artikeln des Glaubensbekenntnisses.

der Tod mit Gott zu tun. Ihm ist er nicht gewachsen. Christus ist der Tod des Todes. Er hat die scheinbare Allmacht des Todes durchbrochen. So kann Paulus ausrufen: »Tod, wo ist dein Sieg? Tod, wo ist dein Stachel?« (1 Kor 15,55). Der Tod wird verspottet, ja ausgelacht (vgl. das Osterlachen).

Ebenbild Gottes

Wir können aus der Welt heraussterben, aber nicht aus der Gemeinschaft mit Gott. Wir sind ja sein Ebenbild. Wir sterben nicht in das Niemandsland des Vergessens hinein, sondern in seine ausgebreiteten Arme. Gott hat den Menschen als sein Ebenbild erschaffen und sich ihm in Jesus Christus zugewandt. Er kann ihn mit dem Tod nicht ins Nichts fallen lassen und ansehen, wie sein eigenes Bild zerfällt. Gott kann nicht sein eigenes Bild zerstören. Er hat sein Ja zum Menschen gesprochen, durch den Tod hindurch. Wir können uns nicht selbst aus dem Abgrund des Todes herausholen, durch keine Macht der Welt. Das ist allein Tat Gottes.

Nicht umsonst

Wenn wir unsere Augen weit genug aufmachen, sehen wir nicht nur die Not und das Unheil, das in der Welt angerichtet wird. Ich freue mich über die Sonne, den Mond und die Sterne, den Tag und die Nacht, die Blumen und Tiere und vor allem die Menschen. Und dann sage ich mir: Das alles kann doch nicht umsonst sein und verlorengehen. Es muss ein Ziel haben. Es kann nicht für das Nichts geschaffen sein. Gott hat schon die neue Schöpfung im Auge.

Rede und Antwort stehen

Den Glauben an die Auferstehung der Toten haben wir mit guten Gründen zu bezeugen, jedem Rede und Antwort zu stehen, der von uns Rechenschaft fordert über die Hoffnung, die uns erfüllt (vgl. 1 Petr 3,15). Wehe, wenn wir zu bescheiden werden in unserer Auskunft, wenn wir uns in unserer Antwort vor dem Unfassbaren und Unsäglichen drücken. Was mit Jesus geschah, dafür mussten Worte erst neu gefunden werden. Man muss es uns anmerken können, dass es einem die Sprache verschlägt.

Die Ernte des Lebens

Wer an die Auferstehung der Toten glaubt, kann gar nicht anders, als seine ganze Kraft für die Veränderung dieser Welt einzusetzen. Auferstehung heißt, dass jeder Augenblick irdischen Lebens eingebracht wird in die Gegenwart vor Gott. Er wird verwandelt in das ewig-endgültige Leben bei Gott, das jenseits aller irdischen Zeit ist. Somit ist die Auferstehung die Ernte unseres Lebens, die Summe menschlicher Geschichte. Hinter dem Sterben und Vergehen steht nicht das tote Einerlei einer langweiligen Ewigkeit, sondern unglaublich Neues. Wir erwarten die Vollendung als Erfüllung unserer tiefsten Sehnsucht, das ewige Leben.

Ewiges Leben

6. SONNTAG DER OSTERZEIT

Unbegreiflich

Einzig Gott ist ewig. Wenn der Glaube für den Menschen ewiges Leben erhofft, dann heißt das: Gott gewährt ihm Anteil an seinem Leben. Wir glauben nicht an die Ewigkeit des Geistes, nicht an den sich erneuernden Kreislauf der Natur. Im Vertrauen auf Jesus Christus glauben wir allein an Gott. Weil er uns teilhaben lässt an seinem Leben, darum leben wir ewig wie er. Diese Lebensweise ist genauso unbegreiflich für uns wie Gott selbst. ›Du kannst dir kein Bild davon machen‹, sagen wir, oder: ›Das ist nicht zu fassen.‹ Diese Unbegreiflichkeit gilt es im Denken wie im Reden durchzuhalten. Wir geraten in Sprachnot, wenn wir über das Unsagbare reden wollen, um nicht schweigen zu müssen.

Keine Fortsetzung

Der Tod zieht uns den Teppich unter den Füßen weg und zeigt, dass wir uns aus eigener Kraft keinen Augenblick auf den Beinen halten können. Er bedeutet ein wirkliches Ende. Tod – das heißt: Es geht nicht mehr weiter. Die Geschichte unseres Lebens bricht ab. Man kann nicht vom ewigen Leben sprechen, ohne diesen scharfen Einschnitt zu markieren, den der Tod bedeutet. Das ewige Leben folgt dem irdischen Leben nicht nach. Man darf sich das nicht so vorstellen, als würde der Mensch nach dem Tod gleichsam die Pferde wechseln, um erneut ins Rennen zu gehen. Das irdische Leben wird durch den Tod beendet, es setzt sich nicht einfach fort.

Kein Privatvergnügen

Ewiges Leben heißt also nicht, dass es endlos so weitergeht wie jetzt. So stellen es sich diejenigen vor, die schon in diesem Leben alles haben und trotzdem nie genug bekommen; die das, was sie haben, für immer haben wollen. Anderes fällt ihnen nicht ein als ihre private Seligkeit. Christen lassen sich damit nicht abspeisen. Sie hoffen auf ein Glück, das nicht Privatvergnügen oder Gruppenprivileg bleibt, sondern alle erfasst. Alle werden zu ihrem Recht kommen und Frieden finden, den ewigen Frieden.

Visionen

Die vom Glauben inspirierten Visionen der neuen Schöpfung wagen sich an das paradoxe Unterfangen, das Unbeschreibliche zu beschreiben, sinnlich zu vermitteln, was sich unseren Sinnen letztlich entzieht. Einmal wird es sein – sagen die Propheten –, dass keiner mehr hungert und keiner sich vom Fett des anderen nährt. Alle werden zu essen haben und alle zu trinken. Der Schmach ist ein Ende gesetzt. Die Decke der Trauer und Blindheit wird weggenommen. Das Geschäft des Todes ist bankrott. Gott selbst wird alle Tränen abwischen, den Völkern geht ein Licht auf: Bilder einer verwandelten und vollendeten Schöpfung. Ewiges Leben heißt neuer Himmel und neue Erde.

Präludium

Ist das zu schön, um wahr zu sein? Eine Fata Morgana, ein Irrlicht, eine Sinnestäuschung? – Nein, entschieden nein! Kann man sich vorstellen, dass Zugvögel nach wärmeren Gegenden aufbrechen, die es gar nicht gibt? Sollte Gott uns eine unstillbare Sehnsucht ins Herz gelegt haben, die über den Tod hinausgeht, eine Sehnsucht nach Gerechtigkeit für alle und nach Sinn, ohne an die Erfüllung zu denken? Es gibt Erfahrungen in unserem Leben, die können nur so wahr sein, weil sie ein Präludium sind für das ewige Leben. Das ist intoniert, mitten in unserem Leben. Der neue Himmel und die neue Erde, das neue Jerusalem: Durchbruch in eine neue Dimension jenseits der Zeit. – Wer unmusikalisch ist, meint vielleicht, ohne Musik entbehre er nichts. Wer einmal auf den Geschmack gekommen ist, der kann ohne sie nicht mehr leben. Der Glaube an das ewige Leben verdirbt nicht den Geschmack am Leben, sondern kräftigt ihn. Christen verachten nicht das, was ist. Aber ihre Sehnsucht, ihre Lust am Leben greift weit darüber hinaus, sie wittern mit allen Sinnen die Signale des ewigen Lebens. In der Apokalypse heißt es im 21. Kapitel: »Ich sah die heilige Stadt, das neue Jerusalem, von Gott her aus dem Himmel herabkommen;

sie war bereitet wie eine Braut, die sich für ihren Mann geschmückt hat« (2). Wie eine Braut – also: zum Verlieben! So ist das für den, der die Sehnsucht kennt – nach dem ganz Anderen.

Der Erde treu

CHRISTI HIMMELFAHRT

Schrifttext: Apg 1,1–11

Giftmischer?

»Ich beschwöre euch, bleibt der Erde treu und glaubt denen nicht, welche euch von überirdischen Hoffnungen reden. Giftmischer sind es, ob sie es wissen oder nicht. Verächter des Lebens …« Das hat Friedrich Nietzsche uns Christen ins Stammbuch geschrieben. Treue zur Erde und Himmelfahrt! Weist das nicht in entgegengesetzte Richtungen? Himmelfahrt – heißt das Abschied von der Erde? Kündigen wir der Erde die Treue? Das ist nicht selten geschehen: »Die Welt, die mag nun fahren, in ihrer Lust und Pracht. In ihr sind nur Gefahren, nichts, was mich selig macht …« – die Älteren unter uns kennen noch dieses Kirchenlied. Das ist alles andere als christlich! Christen dürfen sich in der Treue zur Erde von niemandem übertreffen lassen. Aber wie bringen wir die Treue zur Erde mit der Himmelfahrt Christi zusammen?

Bis zum bitteren Ende

Himmelfahrt: Hat Jesus sich aus dem Staub gemacht? Wer Jesus so sieht, weiß wenig von ihm. In ihm ist Gott zur Welt gekommen. Er bürgt für die Treue Gottes zur Erde. Er hat den Staub der Erde geschluckt, hat sich die Hände und Füße dreckig gemacht. Er ist den Widernissen des Lebens nicht ausgewichen. Die hat er vielmehr am eigenen Leib zu spüren bekommen. Er hat das Kreuz des Lebens bis zum bitteren Ende getragen: »hinabgestiegen in das Reich des Todes«. So tief ist er heruntergekommen. Eine Treue zur Erde, die bis zum Letzten geht. Gott hat ihn auferweckt und erhöht zu seiner Rechten. Die Himmelfahrt Christi ist die Konsequenz seiner Auferstehung, die andere Seite von Ostern. Ostern heißt: Jesus lebt, und er ist erhöht zur Rechten Gottes. Christi Himmelfahrt ist das ursprüngliche Christkönigsfest.

Der Welt verpflichtet, nicht verfallen

Die Erde ist nicht vom Teufel, und wir dürfen sie nicht zum Teufel gehen lassen. Im Namen Jesu Christi sind wir aufgerufen, ihr treu zu sein. »Ihr Männer (und Frauen!) von Galiläa«, heißt es in der Lesung, »was steht ihr da und schaut zum Himmel empor?« (11). Schaut nach vorn, geht hin in alle Welt. Verkündet aller Kreatur die Botschaft Christi von seiner Treue zur Erde (vgl. 8). Sie bewahrt uns vor der Weltflucht. Die gab es nicht nur früher, die gibt es auch heute. Manche kultivieren ihre Innerlichkeit, kuscheln sich in der Kirche ein. Jesus sagt nicht: »Haltet euch heraus«, er sagt: »Mischt euch ein.« Wir können und dürfen uns nicht heraushalten, wenn es um die Erde geht und um ihre Zukunft.

Die Frage ist heute nicht nur, ob Christen von ihrem Glauben her der Erde treu bleiben können. Die Frage ist heute, ob man der Erde treu bleiben kann, wenn man dem Himmel die Treue aufkündigt. Ohne den Himmel über uns gerät die Erde ins Wanken. Wer sich vom Himmel verabschiedet, bekommt mit der Erde Probleme. Das erleben wir heute an allen Ecken und Enden. Am Frankfurter Flughafen las ich vor Jahren an einer Baustelle: »Damit der Himmel offen bleibt, haben wir auf der Erde alle Hände voll zu tun.« Das könnte ein Leitwort für unseren Dienst als Christen sein.

»Bis an die Grenzen der Erde«

»Ihr werdet meine Zeugen sein ... bis an die Grenzen der Erde« (8). Das ist der Auftrag von Christi Himmelfahrt. Der Himmel liegt nicht über uns, sondern vor uns, als Aufgabe, als Möglichkeit schon hier in dieser Welt. Das heißt nicht, dass wir das Paradies auf Erden erwarten. Der Himmel fällt nicht mit dieser Welt zusammen, heute nicht und in Zukunft nicht. Das sieht jeder, der Augen hat. Aber gerade dieser Erde in ihrer Zerrissenheit und Dunkelheit gilt die Verheißung Gottes. Darum dürfen wir uns nicht einfach mit den Verhältnissen hier abfinden. Wir müssen alles tun, sie zum Besseren zu verändern. Das Reich Gottes wird verraten von denen, die der Erde die Treue kündigen. Es ist auf die Erde gekommen in dem, der ihr treu war bis zum Tod am Kreuz. Die ebnen dem Reich Gottes die Wege, die in der Treue zu Christus der Erde treu bleiben.

Einheit der Christen

7. SONNTAG DER OSTERZEIT

Schrifttext: Joh 17,20–26

Herzensanliegen

Im Angesicht des Todes betet Jesus für die Einheit der Christen: »Alle sollen eins sein ...« (21). Diese Einheit liegt ihm offenbar sehr am Herzen. Man kann sagen: Die Ökumene ist ihm ein Herzensanliegen. Das müsste es auch für die Christen heute sein. Ist sie das? Zweifel sind angebracht. Man wird den Eindruck nicht los, dass wir an diesem Punkt auf der Stelle treten. Jede Kirche ist so mit sich selbst beschäftigt, dass die Dringlichkeit der Ökumene darüber in den Hintergrund tritt. Das geschieht gegen den erklärten Willen Jesu.

Alternativlos

Der Wille Jesu ist klar, ohne Wenn und Aber. Die Ökumene ist also nicht in unser Belieben gestellt. Es gibt keine Alternative dazu, wenn wir dem Auftrag Jesu treu bleiben wollen. Die Frage an jede und jeden von uns (nicht nur an die Kirchenleitungen!) lautet: Wollen wir die Einheit der Christen wirklich? Hat sie in unserem Handeln Priorität? Der Weg der Ökumene ist in den vergangenen Jahren nicht einfacher geworden. Es ist wie bei der Ersteigung eines hohen Berges: Morgens geht man frisch an den Start. Je steiler der Weg wird und je mehr die Sonne brennt, desto beschwerlicher wird's. Die letzten Etappen sind die schwersten. Das ist in der Ökumene nicht anders. Uns trennt heute vor allem eine unterschiedliche Bewertung des Amtes und der katholische Grundsatz, dass Eucharistiegemeinschaft die Kirchengemeinschaft voraussetzt.

Konfessionsverbindende Ehen

Was Christen verbindet, ist weit gewichtiger als das, was sie trennt. Auch evangelische und orthodoxe Christen haben Anteil am Leben der einen Kirche. Die Taufe verbindet alle Christen. Zudem: Die Ehepartner spenden sich gegenseitig das Ehesakrament. Ein evangelischer Christ spendet also einem katholischen Christen ein Sakrament. Warum sollte diese sakramentale Teilhabe an der Sendung der Kirche dort ihre Grenzen finden, wo es um den Empfang der Heiligen Kommunion geht? Es ist schmerzlich, wenn Eheleute, die ihren Glauben wirklich ernst nehmen, erfahren müssen, dass die Gemeinsamkeit dort aufhört, wo die Quelle und der Höhepunkt dieses Glaubens gefeiert wird: in der Eucharistie. Die Voraussetzung zum Kommunionempfang ist der Glaube an die Gegenwart Christi in der Eucharistie. In einer Abendandacht bei einem Besuch der deutschsprachigen evangelisch-lutherischen Gemeinde in Rom hat Papst Franziskus die Eheleute aus konfessionsverbindenden Ehen ermutigt, nach einer Gewissensprüfung gemeinsam zur Kommunion zu gehen. Längst ist das ja in vielen Gemeinden bei uns die allgemeine Praxis: Beide Eheleute gehen selbstverständlich zur Kommunion, und zwar nicht aus einer selbstgerechten Anspruchshaltung heraus, sondern weil sie überzeugt sind, zur Gemeinde zu gehören, die sich am Tisch des Herrn versammelt.

Zu viel Kirche?

»Alle sollen eins sein ... damit die Welt glaubt, dass du mich gesandt hast« (21). Es geht um die Welt. Die Kirche ist nicht Selbstzweck. Sie ist dafür da, dass das Evangelium unter die Leute gebracht wird und der Glaube an Gott wächst. Dabei ist die Einheit der Christen wie ein Spiegel für die Wahrheit des Glaubens. Seit der Spiegel zerbrochen ist, hat unser Glaube beträchtlich an Leuchtkraft eingebüßt. Die Spaltung spricht gegen uns und behindert unseren Dienst in der Welt und für die Welt. Vielleicht sind wir katholischerseits zu viel Kirche und zu wenig Christus. Die Kirche ist nicht die Melodie, sondern das Orchester und dessen Resonanzraum.

Gemeinsames Zeugnis

Heute bedrängt uns die Sorge, was aus dem Christentum in unserem Land wird. Wir können der wachsenden Zahl nichtchristlicher Zeitgenossen als Christen und Kirchen nur gemeinsam das Evangelium bezeugen. Dabei stehen nicht nur einzelne Glaubensaussagen in Frage, sondern der Gottesglaube überhaupt. Sind wir mit uns selbst allein in der Welt oder gibt es ein letztes Gegenüber, ein Du, das einen Namen trägt und uns erwartet, das Interesse an uns hat in einem sich immer weiter ausdehnenden Kosmos? Christen glauben: Ich bin erwartet von Gott. – Ganz im Sinne der Konzentration sagt Martin Luther: Wir sollen Menschen und nicht Gott sein. Das ist die Summa! Also: Nicht Gott spielen, sondern ihm dienen. Der christliche Glaube schützt den Menschen davor, sich wie ein Herrgott zu gebärden. Dieser Gefahr kann er letztlich wohl nur dadurch entgehen, dass er sein Leben auf Gott baut. Die nichtchristliche Umgebung wird nur durch Menschen aufhorchen, die anders sind, weil sie ihr Leben auf Gott bauen. Dann werden die Leute sagen: »Wenn das christlich heißt, dann kann man ja darüber reden …«

Gebet

Jesus hat zu guter Letzt keinen Vortrag zur Frage der Einheit der Christen gehalten. Er hat um sie gebetet. Er »erhob seine Augen zum Himmel und sagte: Vater …« (17,1). Das Evangelium heute ist eine Bitte an den Vater. Beten bedeutet: Lasst uns Gott etwas zutrauen. Lasst uns ihm mehr zutrauen als uns. Das Gebet ist ein Hoffnungssignal. Wir geben die Hoffnung auf die Einheit der Christen nicht auf.

Weltkirche

PFINGSTSONNTAG

Schrifttext: Apg 2,1–11

Universal

Lektoren und Lektorinnen haben oft alle Mühe, die vielen Ländernamen der Pfingsterzählung auf die Reihe zu bekommen. Und Pfarrer sagen dann schon mal: »Lassen Sie doch die Namen weg, die kennt ja eh niemand.« Das ist ein schlechter Rat, denn damit geht ein zentraler Inhalt von

Pfingsten verloren: die Universalität. Kein Land der Erde soll vergessen sein, so weit die Landkarte damals reicht. Der Heilige Geist erfasst alle Völker von Ost nach West und von Nord nach Süd. Er führt sie trotz aller Unterschiede zusammen und wirkt Verständigung. Das ist die Kirche in ihrer Geburtsstunde: Vom ersten Augenblick ihres Daseins an spricht sie alle Sprachen und ist doch eins in demselben Geist. Das ist ihr in die Wiege gelegt – und ins Stammbuch geschrieben! Sie ist nicht erst universal geworden, indem sie sich im Laufe der Zeit von Stadt zu Stadt, von Land zu Land ausgebreitet hat. Sie ist es vom Ursprung her kraft des Heiligen Geistes.

Gegenentwurf

Die Verwandlung der Pfingstgemeinde geschieht nicht aus der Versammlung heraus, gruppendynamisch oder wie auch immer, sie verdankt sich einer Inspiration von oben. Die Menschen werden durch etwas verbunden, was sie nicht selbst sind. Der Heilige Geist erhebt sie über den trostlosen Kampf der individuellen Interessen. Pfingsten ist ein radikaler Gegenentwurf zur Ego-Gesellschaft. Wildfremde Menschen finden zusammen, sind *eines* Geistes. Schluss mit der babylonischen Sprachverwirrung! Jeder versteht jeden. Die Feuerzungen machen keinen Unterschied zwischen den Menschen; vor dem Heiligen Geist sind alle gleich: Auf jeden von ihnen lässt er sich nieder (vgl. 3). Der Geist setzt eine fundamentale Gleichheit frei. Das ist eine unerhörte Provokation für die antike Sklavenhaltergesellschaft.

Farbig

Die Griechen nannten die Fremden Barbaren, die Römer nannten sie Feinde *(hostes)*. Die Christen sagten: Sie sind unsere Freunde. Wie können wir Freunde Gottes Barbaren nennen oder gar Feinde? Das haben wir Pfingsten anders erlebt. Der Geist Gottes schert sich nicht um Grenzen, die wir ziehen. – Die Kirche darf sich darum nicht auf einen Staat oder eine bestimmte Kultur festlegen, auch nicht auf Europa. Sie darf nicht nach den Erfahrungen und Vorstellungen, dem Kirchenmodell eines Landes ausgerichtet werden. Nationalkirchen und Landeskirchen sind nicht katholisch, es geht um die Weltkirche. Unser Standort ist die Welt. Wir haben nicht eine Kirche in der sogenannten Dritten Welt, als hätten wir dort Kolonien oder einen Ableger, wir sind Weltkirche. Wenn die Kirche das zeichenhaft darstellt, wird sie von selbst farbig, bunt. Das muss sie sein und bleiben um ihrer selbst willen. Papst Franziskus, der Papst »vom Ende der Welt«, bringt das überzeugend zum Ausdruck.

Keine Ausländer

Weltkirche sein, das erfordert Mut zur Vielfalt in der Einheit. Vielfalt ist das wirksamste Mittel gegen Einfalt. Die Römer bleiben Römer und die Griechen bleiben Griechen. Gleichwohl verbürgt der Heilige Geist die Einheit in allen Unterschieden, er verbürgt das Gemeinsame jenseits von Herkunft und Abstammung. Für Christen gibt es keine Ausländer! Jede Überheblichkeit anderen Kulturen und Sprachen gegenüber verbietet sich. Gott hat den anderen etwas geschenkt, was wir nur durch sie erfahren können. Und er erwartet, dass wir uns für sie interessieren, uns ihnen zuwenden.

Katholisch

Die Kirche ist kein Selbstzweck, kein Rückzugsort für ängstliche Gemüter, sie ist kein Nischenanbieter auf dem Markt religiöser Sinnangebote. Leider ist weithin der Eindruck entstanden, sie sei eine Veranstaltung für Kirchenleute, ein Interessenverein, der verwaltet, was er hat. Wir dürfen unsere besten Kräfte und Hoffnungsenergien doch nicht in kircheninternen Strukturdebatten verpulvern. Die Welt ist im Aufbruch, und wir sind zu oft so mit uns selbst beschäftigt, dass wir die Zeichen der Zeit nicht wahrnehmen. Heute leuchten die Zeitzeichen auf etwa in Gestalt der Geflüchteten. Sie lehren uns, was das heißt: aus allen Sprachen und Nationen. Was würde uns alles entgehen, wenn wir uns abschotten?! Das darf nicht sein, eben weil wir katholisch sind, also Weltkirche.

Aus dem Wasser und dem Heiligen Geist

PFINGSTMONTAG
Schrifttext: Joh 3,1–8

Die Taufe

Wir kennen die Taufe als Sakrament der Wiedergeburt. Wiedergeburt – danach fragen und suchen heute viele. Sie möchten noch einmal von vorn beginnen, anders, bewusster, wahrer, ohne den ganzen Ballast ihrer Lebensgeschichte. Manche reisen dafür in Gedanken oder auch tatsächlich bis nach Indien. Gibt das nicht zu denken? Während die Wiedergeburt bei vielen Menschen hoch im Kurs steht, sinkt die Wertschätzung unseres Sakramentes der Wiedergeburt. Warum bringen die Menschen ihre Lebenshoffnung und Sehnsucht nicht mehr mit dem christlichen Glauben zusammen?

Wie neu geboren

Noch einmal von vorn beginnen, wie neu geboren … Wir glauben, dass das in unserer Taufe geschehen ist. Nur erfahren wir das kaum noch, es kommt uns gar nicht mehr in den Sinn. Das ist unser Problem. Dabei haben wir doch alle schon Augenblicke erlebt, da fühlen wir uns wie neu geboren. Es war, als wären wir ein anderer Mensch geworden. Ist das nicht so, wenn uns in dunkler Stunde ein Licht aufgeht? Oder wenn uns jemand begegnet ›fürs Leben‹? Wenn wir uns entschieden haben zu einem Weg ohne Wenn und Aber? Oder wir sind eingebrochen und untergegangen und sind doch wieder aufgetaucht, haben den Kopf über Wasser bekommen und Boden unter die Füße. Wir kommen heraus wie neu geboren, wie ein anderer Mensch. Solche Erfahrungen prägen uns manchmal fürs ganze Leben.

Das wahre Leben

Wie neu geboren! Wie deuten wir solche Erfahrungen? Wes Geistes Kind sind wir, wenn wir wie neu geboren sind? Am Anfang des Christenlebens steht die Taufe aus dem Wasser und dem Heiligen Geist. Der Geist Jesu eröffnet uns einen neuen, ungeahnten Lebensraum, er eröffnet uns Gott. Er ist der Schlüssel für unsere Erfahrungen, das Ziel unserer Sehnsüchte. Kann man merken, wes Geistes Kind wir sind? Wenn wir selbst entdecken, dass die Taufe uns eine einzigartige Chance schenkt, wie neu geboren zu leben, wird dieses Tor der Taufe für andere wieder auffindbar und lädt zum Eintreten ein. So wird die Sehnsucht vieler Menschen nach einem wahren Leben nicht ins Leere gehen, sondern zum Ziel kommen.

JAHRESKREIS

Wein im Überfluss

2. SONNTAG IM JAHRESKREIS

Schrifttext: Joh 2,1–11

Die Ouvertüre

In Elis im antiken Griechenland wurden in der Nacht vom 5. zum 6. Januar zum Dionysos-Fest im Tempel des Gottes Dionysos drei Krüge aufgestellt. Am anderen Morgen waren sie voll Wein. Dionysos, der Gott des Feierns und des Rausches, der Gott der Ekstase, des sprühenden Lebens, verwandelte das Alltagswasser in Festtagswein. Vielleicht hat diese im Altertum sehr bekannte Legende den Evangelisten Johannes angeregt, der Erzählung von der Hochzeit in Kana diese Gestalt zu geben. Wie dem auch sei – jedenfalls zeigt er uns Jesus als den, der einem Hochzeitspaar aus der Klemme hilft und ihm mit Hunderten Litern bestem Wein den Keller füllt. Dies ist das erste der sieben Zeichen, die Jesus nach dem Johannesevangelium wirkt.[1] Nicht zufällig steht es am Anfang der Zeichen-Reihe. Die sechs großen Steinkrüge voller Festwein bilden so etwas wie die Ouvertüre zu allem Folgenden, sie sind eine Art Schlüsselerfahrung. In der Perspektive dieses ersten Zeichens will Jesus wahrgenommen werden. Er schenkt Wein im Überfluss, Freude am Leben.

Das Fest fällt nicht ins Wasser

Im Dionysos-Kult sucht man sich über die eigenen Grenzen hinwegzubringen – in den siebten Himmel. Das ist heute nicht anders. Denken Sie an Drogen: Cannabis, Ecstasy und

1 Der Evangelist sagt »Zeichen« statt »Wunder«. Ihm ist wichtig, die Wunder als Orientierungspunkte zu verstehen, die anzeigen, wo wir mit Jesus dran sind.

was es sonst alles gibt an Mitteln zur vermeintlichen Erleuchtung und Bewusstseinserweiterung. Dem Evangelium geht es nicht um Ekstase, nicht um den Ausstieg oder Überstieg in eine andere Welt über den Wolken. Es geht um den Einstieg in unsere leibhaftige Welt. Gott ist so sehr Mensch geworden, dass ihm – wie das letzte Konzil sagt – nichts Menschliches fremd ist. Das Heil, von dem das Zeichen in Kana eine Ahnung geben will, ist sinnlich, wie der Mensch sinnlich ist, für den Gott dieses Heil bereithält. Jesus weiß, dass man eine Hochzeit nicht ohne Wein feiern kann. Aber das, was das Brautpaar vorbereitet hat, reicht nicht aus. Die Fülle des Lebens ist das noch nicht. Es fehlt der Überfluss. Den schenkt Jesus – ein Geschenk des Himmels! Er lässt das Fest unseres Lebens nicht ins Wasser fallen. Aus dem Mangel wird Fülle.

Geschmack am Leben

Der Kirchenvater Augustinus sagt: Das Wunder von Kana soll uns auf den Geschmack am Leben bringen. Das wird uns dann selbst verwandeln, meint er. Wir werden weniger ungenießbar, weniger fade. Das Wunder von Kana soll uns Jesu Botschaft erschließen. Der Weg der Nachfolge will das Leben nicht vermiesen. Jesus spuckt uns nicht in den Wein. Er befreit vielmehr zu dem, wonach wir uns im Innersten unseres Herzens sehnen, er befreit zur wahren Menschlichkeit. »Wer Christus, dem vollkommenen Menschen, folgt, wird auch selbst mehr Mensch.«[2] Jesus will uns den Mund wässrig machen, den Durst wecken auf das Leben in Fülle.

2 Zweites Vatikanisches Konzil, »Gaudium et spes« 41.

Hochzeit

Nicht von ungefähr geschieht das Wunder zu Kana auf einer Hochzeit. Wenn eine Hochzeit angesagt ist, dann wird ein Fest gefeiert und der Wein fließt in Strömen. Welche Glücksgefühle verbinden sich mit der Hochzeit! In der Bibel ist sie ein Bild für die messianische Zeit. Mit Jesus bricht diese neue Zeit an – noch keine heile Welt, aber das Heil ist in der Welt, der Heiland. Das ist Grund genug, das Fest des Lebens zu feiern. Jedenfalls dürfen wir Christen trotz aller widrigen Umstände in der Welt und in der Kirche nicht aufhören, unsere Hoffnung als ein Fest zu feiern, das unser Leben durchstrahlt und in dem etwas vom Zusammenhang der Gesamtschöpfung aufscheint. So feiern wir die Eucharistie mit Wein und Brot als Vorgeschmack des ewigen Heils.

In der Kraft des Geistes …

3. SONNTAG IM JAHRESKREIS

Schrifttext: Lk 4,14–21

Das ist nach dem Zeugnis des Evangelisten Lukas die Antrittspredigt Jesu in der Synagoge seiner Heimatstadt Nazaret, sein Programm. Jesus beruft sich dabei auf den Propheten Jesaja (61,1) und verkündet drei Grundsätze, die sein Wirken prägen:

- »Der Herr hat mich gesalbt.«
- »Er hat mich gesandt …«
- »… damit ich den Armen eine frohe Botschaft bringe.«

Gesalbt, nicht angeschmiert

»Der Herr hat mich gesalbt.« Jesus ist der Christus – zu Deutsch: der Gesalbte. Offenbar ist die Salbung so bezeichnend für ihn, dass sie ihm den Namen gegeben hat. Dabei geht es weniger um Öl und Haut. Das Öl wird zum Zeichen einer Salbung, die unter die Haut geht. »Der Geist des Herrn ruht auf mir.« Jesus ist mit dem Heiligen Geist gesalbt. Er ist von Gottes Geist erfüllt. – Wir nennen uns Christen, also: Gesalbte. Auch bei uns will die Salbung unter die Haut gehen. Wir sind in der Taufe und dann in der Firmung mit dem Heiligen Geist gesalbt. Gott sagt uns: Du bist etwas ganz Besonderes, ein Unikat. Auf unsere Salbung dürfen wir stolz sein. Sie lässt uns aufrecht gehen als Töchter und Söhne Gottes, als Geschwister Christi. Wer aus Überzeugung als Christ lebt, soll wissen: Ich bin gesalbt, nicht angeschmiert!

»Er hat mich gesandt ...«

Jesus geht nicht auf eigene Faust ans Werk. Er weiß sich von Gottes Geist gesandt. In dessen Kraft tritt er auf. Seine Verkündigung und sein heilendes Wirken sind geistgewirkt. – Das Heilsgeschehen war im nachexilischen Judentum an den Kult und dessen Ritualvorschriften geknüpft. Jesus schafft den Kult nicht ab, aber er relativiert ihn. In seiner Person und in seinem geisterfüllten, heilenden Wirken ereignet sich die Gottesherrschaft. Hier wird nicht weniger als der Nerv des jüdischen Heilsverständnisses getroffen. Das bleibt nicht ohne Folgen.

Und wir?

Jesus sendet uns durch seinen Geist; er ruft uns aus unserem behaglichen Gehäuse heraus. Sind wir nicht mit viel zu vielen Dingen bepackt, zu denen uns das Evangelium nicht rät? Ich erfahre Jesu Anspruch nicht immer nur im Einklang mit meinen Bedürfnissen, mit dem, was ich gern möchte, sondern oft genug im Gegensatz dazu. Die Spannung, die darin liegt, kann wie ein Echtheitskriterium dafür sein, dass wir es nicht nur mit uns und unseren Wunschträumen zu tun haben, sondern mit Christus. Sein Geist nimmt uns die Angst um uns selbst. Er lässt uns frei sein für andere, er sendet uns. Wir dürfen doch unsere besten Kräfte und Hoffnungsenergien nicht für uns selbst vertun! Das Jammern und Lamentieren in kirchlichen Kreisen ist oft wie ein pubertäres Sich-mit-sich-selbst-Beschäftigen. Da fehlt der Mut, im Glauben erwachsen zu werden und über die Grenzen des eigenen Ich hinauszukommen.

Den Armen ...

Das Sendungswort hat eine klare Ausrichtung: »damit ich den Armen eine frohe Botschaft bringe ...« Sollten wir nicht besser sagen: ›... den Armen zu essen gebe‹? Keine Frage: Das Evangelium kann und muss in vielen Fällen die Gestalt des Brotes annehmen, wie im Wirken Jesu mehr als deutlich sichtbar wird. Und doch: Es ist eine teuflische Versuchung, die Sehnsucht des Menschen auf den leiblichen Hunger zu verkürzen. Der Mensch lebt nicht vom Brot allein. Im Gegenteil: Er stirbt am »Brot allein«. Sehen wir nicht in unserem Land, wie Menschen »am Brot allein« zugrundegehen? Der Mensch lebt nicht vom Brot allein, sondern von dem Wort, das aus Gottes Mund kommt.

Heute

»Heute hat sich das Schriftwort, das ihr eben gehört habt, erfüllt«, sagt Jesus (21). In seinem Auftreten wird die prophetische Verheißung Wirklichkeit. Das Heil wird nicht in die Zukunft verlegt, damit es dort wohlverpackt ruht. Es ereignet sich heute. Es ist keine Zeit mehr, noch abzuwarten oder auszuweichen, *jetzt* ist es so weit. Die Zeit des Heils ist angebrochen. Was für eine Zeit, die Gott uns heute zumutet und zutraut! Vieles, was wir noch vor wenigen Jahren wie selbstverständlich zu besitzen meinten, ist uns aus der Hand genommen oder zerrinnt wie Sand zwischen den Fingern. Die leeren Hände können wir Gott hinhalten als Ausdruck unserer Armut. Man könnte heute oft resignieren, man kann aber auch gläubiger werden – heute!

Wenn die Propheten aufstehen

4. SONNTAG IM JAHRESKREIS

Schrifttext: Jer 1,4–10

Berufung

Prophet wird man nicht auf dem kirchlichen Dienstweg. Man wird's auch nicht, weil man es gern sein möchte oder sich für einen Propheten hält. Man wird es durch Berufung. Das ist heute fast ein Fremdwort. Man wird in ein Gremium oder in einen Aufsichtsrat berufen. Aber die Frage nach der inneren Berufung eines Menschen ist nur noch selten zu hören. Wer bedenkt schon, dass er zu einer Aufgabe berufen ist, die nicht zuletzt Sinn und Würde seines Lebens ausmacht? Viele Jugendliche erhoffen und ersehnen eine Berufung, eine Beauftragung, die ihrem Leben Tiefe und Sinn schenkt. Da sie sie nicht finden, denken sie: Es ist gar nicht so wichtig, dass ich da bin. Es spielt keine Rolle, ob ich dies oder jenes tue, es ist gleichgültig, wie ich mich entscheide. Das ist die Rückseite der Postmoderne.

Einwände

Zurück zu Jeremia. Prophetenberufung ist Gottes Sache. Er hat das erste und das letzte Wort: »Noch ehe ich dich im Mutterleib formte, habe ich dich ausersehen …« (5). Die Gottesbeziehung ist die innere Achse der Berufung. Wer es mit Gott zu tun bekommt, der kann sich auf einiges gefasst machen. Es ist jedenfalls nicht das reine Vergnügen. Gott ist anders, als wir ihn gern hätten und ihn uns wünschen; er kann uns erschrecken. Dazu kommt für Jeremia das Ausmaß der Sendung: »... zum Propheten für die Völker habe ich dich bestimmt« (5), also nicht nur für Israel, sondern für die Welt. Da kann man schon zurückschrecken. Jeremia sträubt sich mit Händen und Füßen: »Ach, Herr und Gott, ich kann doch nicht reden, ich bin ja noch so jung« (6). Mit anderen Worten: Nimm jemand anderen. Ich kann doch auch so ein guter Mensch sein ...

Selbstverwirklichung?

Gott lässt die Einwände nicht gelten. Die Berufung dient ja nicht etwa der eigenen Erbauung: »Sag nicht: Ich bin noch so jung. Wohin ich dich auch sende, dahin sollst du gehen, und was ich dir auftrage, das sollst du verkünden« (7). Da steht also nicht: Wohin ich gern gehen möchte, dahin sollst du mich senden, sondern: »Wohin ich dich sende, dahin sollst du gehen« (7). Das klingt hart. Wo bleiben da Selbstverwirklichung und Selbstbestimmung? Hat Gott hier nicht einem jungen Menschen den Lebensentwurf durchkreuzt? – Aber wenn wir nur bei uns selbst stehen bleiben? Wenn Gott schließlich nur noch zur Absicherung des eigenen Lebenskonzeptes herhalten muss? Das macht er nicht mit. Wird das Leben nicht erst sinnvoll, wenn es die eigenen Bedürfnisse und Interessen hinter sich lässt?

Provokativ

Jeremia hat den Leuten nicht nur Erbauliches zu sagen, sondern die bittere Wahrheit: »Du sollst ausreißen und niederreißen, vernichten und zerstören, aufbauen und einpflanzen« (10). Für die Wahrheit einzutreten, für das Wort geradezustehen, das Gott dem Propheten in den Mund gelegt hat (vgl. 9), das provoziert, es ruft Widerspruch hervor. Wer Näheres darüber wissen möchte, der lese das Buch Jeremia. Der Prophet hat sich mit Unverstand, Verleumdung, Ablehnung und Spott herumzuschlagen. Meist steht er allein da, nur auf seinen Auftrag gestellt, von der erdrückenden Mehrheit bedrängt und ins Abseits gestoßen, als Vaterlandsverräter missverstanden und verfolgt. Jesus ist es nicht anders ergangen, wie das Tagesevangelium zeigt (Lk 4,21–30).

Schmerzhaft

Der Erfolg weist nicht den Propheten aus – eher schon der Schmerz, den die Wahrheit des Wortes Gottes mit sich bringt. Er geht unter die Haut. Er ist ein Echtheitskriterium dafür, dass wir es im Vollzug unseres Glaubens nicht nur mit uns und unseren Wünschen und Träumen zu tun haben, sondern mit Gott! Der Schmerz, der entsteht, wenn wir uns an Gott reiben, ist der Preis, den wir dafür zahlen, dass wir gewiss sein dürfen, es nicht mit selbstfabrizierten Götzen zu tun zu haben. Nur wer Gottes Anspruch auch als Einspruch gegenüber den eigenen Bedürfnissen und Interessen gelten lässt und ihm gehorcht, glaubt wirklich.

Unser Platz

Und wir? Wo ist unser Platz in dieser Erzählung? Sicher, nicht jeder ist ein Prophet, und er sollte sich nicht dazu machen; aber jede und jeder hat eine einmalige Berufung, ist getauft und gefirmt. Dadurch nehmen wir alle teil am allgemeinen Priester- und Prophetenamt, wie das letzte Konzil eingeschärft hat. Jeder und jedem gilt das Wort des Herrn: Ich habe dich berufen und gesandt, in deinem Leben und mit deinem ganzen Leben dieses Wort unter die Leute zu bringen.

Ein Herz für Gott

»Ich bin mit dir, um dich zu retten – Spruch des HERRN« (Jer 1,8). Ohne dieses Vertrauen ist das Prophetenamt eine einzige Überforderung. Dann kann man nur Angst und Schrecken bekommen. Aber die Überforderungsangst ist in Wahrheit nur allzu oft eine Beziehungsangst, die Angst, sich auf das Gegenüber einzulassen, das Gott mir sein will: »Ich bin mit dir« (8). – Das Gedicht »Wenn die Propheten einbrächen« von Nelly Sachs mündet in die Frage:

Wenn die Propheten aufständen
in der Nacht der Menschheit
wie Liebende, die das Herz des Geliebten suchen,
Nacht der Menschheit
würdest du ein Herz zu vergeben haben?

Hast du ein Herz zu vergeben? Ein Herz für Gott?

Zu weit hinausgefahren?

5. SONNTAG IM JAHRESKREIS

Schrifttext: Lk 5,1–11

Pechvogel

Ernest Hemingway ist einer der großen Schriftsteller des 20. Jahrhunderts, er erhielt den Nobelpreis für Literatur. Ein Roman vor allem hat ihn bekannt gemacht: »Der alte Mann und das Meer«. Hemingway erzählt die Geschichte eines Mannes, den alle für einen chronischen Pechvogel und Versager halten und dem im Leben das versagt geblieben ist, was in unserer Gesellschaft zählt: der Erfolg. So bleibt ihm nichts anderes übrig, als mehr zu riskieren. Er ist Fischer und fährt mit seinem Boot weiter aufs Meer hinaus als je zuvor. Und tatsächlich, er macht den Fang seines Lebens, einen Riesenfisch. Es kommt zu einem Kampf auf Leben und Tod zwischen dem alten Mann und dem Fisch. Selbstachtung, Überleben – alles steht auf dem Spiel. Der alte Mann bleibt Sieger, zunächst jedenfalls. Doch als er zurückfährt, umkreisen Haie sein Boot. Sie fressen die Beute ab, Stück für Stück. Nach Tagen kommt er heim mit dem Fischgerippe – ein geschlagener Mann. »Und was hat dich geschlagen?«, denkt er. »Nichts«, sagt er laut. »Ich bin zu weit hinausgefahren.«

Was bleibt?

Vielen von uns wird es nicht schwerfallen, die Erfahrung des Fischers in der eigenen Lebensgeschichte nachzuvollziehen. Mag sein, dass Enttäuschungen oder die Gebrechlichkeit des Alters Sie quälen, dass Sie ernüchtert Bilanz ziehen im persönlichen Leben und im Glauben und sich fragen: Was bleibt am Ende? Das gilt auch für die Kirche: Was bringen wir heim? 60 Jahre nach dem letzten Konzil stellt sich die Frage: Hat die Ausfahrt den Gewinn gebracht, den wir erhofft hatten? Es ist ganz anders gekommen, als wir damals dachten. Wenn wir ehrlich sind – das Ausmaß unserer Vergeblichkeit und unserer Ratlosigkeit ist groß. Wer weiß schon, wie es weitergehen soll?

Leere Netze

Die Erfahrung der leeren Netze ist nicht neu, die gab es auch am Anfang bei den Jüngern schon. Man rackert sich ab, schlägt sich die Nacht um die Ohren, und am Ende steht man mit leeren Händen da: »Wir haben die ganze Nacht gearbeitet und nichts gefangen …« (5). Was lässt uns gleichwohl wieder ausfahren? Was gibt uns den Mut, gegen alle Resignation neu aufzubrechen?

In der Leere die Fülle

Jesus lässt – darin besteht ein wesentlicher Unterschied zur Fischergeschichte Hemingways – die Jünger in der Stunde des Misserfolgs nicht allein. Sie sind nicht sich selbst überlassen. Jesus fordert sie auf: »Fahrt hinaus, wo es tief ist, und werft eure Netze zum Fang aus!« (4). »Auf dein Wort hin«, sagt Simon Petrus (5). Die Jünger nehmen Jesus beim Wort, fahren aus und erfahren, dass sein Wort nicht trügt, sondern trägt und Ertrag bringt. Der Fang übertrifft alle Erwartungen. Die leeren Netze aus der Nacht sind zum Bersten voll. Wir ahnen gar nicht, was der Herr mit den leeren Netzen unseres Lebens macht, wenn wir seinem Wort vertrauen. Unser Leben wird unser Leben bleiben. Unsere Tage wollen bestanden werden, alltäglich. Aber gerade darin kann die Erfahrung aufbrechen: Es gibt noch ganz andere Lebensmöglichkeiten als die, die in unseren Kräften stehen, größere, unbedingte, die Möglichkeiten Gottes mit uns: In der Leere die Fülle, im Tod das Leben.

Selig, ihr Armen

6. SONNTAG IM JAHRESKREIS

Schrifttext: Lk 6,20–26

Einer von ihnen

Wenn wir von Armut sprechen, sind wir schnell dabei, den Anspruch Jesu zu entschärfen, etwa, indem wir sie spiritualisieren: Es komme auf die innere Armut an, auf die Armut im Geiste. Jesus hat anders gesprochen, und der Evangelist Lukas steht ihm da besonders nahe. Er schärft die Armut ein und warnt vor den Gefahren des Reichtums. Jesus hat nicht nur von Armut gesprochen, er hat selbst arm gelebt. Er ist ein Sohn armer Leute. Er ist dem Stall näher gewesen als dem Palast. Er wird bei seiner Geburt in eine Krippe gelegt, die anderen gehört. Er wird am Ende in ein Grab gelegt, das einem anderen gehört. Das ist sein Weg: »Die Füchse haben Höhlen und die Vögel des Himmels Nester; der Menschensohn aber hat keinen Ort, wo er sein Haupt hinlegen kann« (9,58). Jesus musste sich nicht mit den Armen solidarisieren, er war selbst einer von ihnen.

Nicht neutral

Jesus ist Arm und Reich gegenüber nicht neutral gewesen. Sicher: Seine Sendung galt allen Menschen. Er hat niemanden von seiner Liebe ausgeschlossen, aber die Armen standen ihm besonders nahe. Er hat zu ihnen anders gesprochen als zu den Reichen. Seine Sprache ist eindeutig: Hier verheißungsvoll (»Selig ...«), dort warnend, drohend (»Weh euch ...«). »Die Hungernden beschenkt er mit seinen Gaben und lässt die Reichen leer ausgehen« (Lk 1,53). Das hört sich anders an, als wir im »Gotteslob« singen: »In göttlichem Erbarmen liebt Christus alle gleich; die Reichen und die Armen beruft er in sein Reich« (477,2). Nirgendwo nennt Jesus den Reichtum ein Zeichen göttlicher Erwählung. Er spricht von ersten und letzten Plätzen. Er kündigt an, dass Erste Letzte sein werden und Letzte Erste (vgl. Lk 13,30).

Das Recht der Armen

Jesus geht davon aus, dass Gott allein der Besitzer des Landes ist, in dem das Gottesvolk lebt. Das Land ist allen geschenkt. Die Armen sind um diese Verheißung Gottes betrogen worden. Sie haben darum einen besonderen Anspruch auf den Rechtsschutz Gottes. Sie müssen zu ihrem Recht kommen.

Weh-Rufe

Die Weh-Rufe über die Reichen sind hart und bedrohlich. Sie finden ein Echo im Wort vom Kamel und dem Nadelöhr (vgl. 18,25). Die Reichen sind sich selbst genug und meinen, sich mit ihrem eigenen Vermögen sichern zu können (vgl. 12,15–21). Das Leben verfehlt, wer es sich selbst beschaffen will. Er ist jetzt schon bedient. Er hat »sein Fett weg«. Wer jetzt schon alles hat, der hat ja nichts mehr zu erwarten. Alle, die sich wie Herrgötter gebärden, haben in der Herrschaft Gottes keinen Platz.

Habsucht

Wenn das »Haben« zum Ziel des Lebens wird, dann meint der Mensch schließlich, er sei umso mehr, je mehr er hat. Also setzt er alles daran, mehr zu haben. Seine Sehnsucht nach Leben pervertiert zur Sucht nach Haben, zur Habsucht. Er ist ganz gefangen von den Dingen, er besitzt sie nicht nur, er ist davon besessen. Da kippt auf einmal etwas um: Der Mensch hat nicht mehr die Dinge, die Dinge haben ihn. Er hat nicht mehr Geld, das Geld hat ihn. Er besitzt nicht mehr, sondern ist besessen (nicht Besitzender, sondern Besessener). Unsere Wohlstandsgesellschaft hat Scharen Besessener hervorgebracht. Abhängige sagen wir, also Unfreie. Das Neue Testament bezeichnet die Habsucht als Götzendienst (vgl. Eph 5,5; Kol 3,5). Sie ist kein partielles moralisches Versagen, sondern eine widergöttliche Grundhaltung des Lebens, ein dämonischer Bann: »Ihr könnt nicht Gott dienen und dem Mammon« (Lk 16,13).

Gewaltfreiheit

7. SONNTAG IM JAHRESKREIS

Schrifttext: Lk 6,27–38[1]

Religion und Gewalt

Die Gewalt ist eine der elementarsten menschlichen Erfahrungen. Es irrt, wer glaubt, sie sei durch die Religion in die Welt gekommen; daher müsse die Religion abgeschafft werden, um eine friedliche Welt zu schaffen. Von dieser Illusion war der Kommunismus beseelt, aber keineswegs nur er. Heute nähren Selbstmord-Attentate das Gefühl, Religion sei die Wurzel des Übels. Umso wichtiger ist es, das Verhältnis von Religion und Gewalt zu klären. Wenn höchste Gefahr ausgeht von Wahnsinnstaten, bei denen im Namen von Religion Menschen zu lebenden Bomben werden, dann muss die Religion diese Bomben schleunigst entschärfen, oder besser: Sie darf es gar nicht erst zu dieser Perversion kommen lassen.

Gewaltverzicht im Volk Gottes

Das Volk Gottes hat einen langen und leidvollen Wandlungsprozess durchgemacht in seinem Verhältnis zur Gewalt. Erst im Exil in Babylon wird Israel die Einsicht geschenkt: Es ist besser, Opfer zu sein, als gewalttätiger Sieger. Gott steht auf der Seite der Opfer, nicht auf der Seite der Sieger. In der Erfahrung der Vertreibung und Gefangenschaft keimt die Kraft zum Gewaltverzicht. Einer der erstaunlichsten Texte des Alten Testaments ist das vierte Gottesknechtslied (Jes 52,13 – 53,12; die erste Lesung in der Liturgie des Karfreitags). Es ist der Höhepunkt der Friedenstheologie

1 Zu diesem Schrifttext wird noch eine zweite Interpretation vorgelegt.

Israels. Der Gottesknecht schlägt nicht zurück. Er nimmt die gegen ihn wütende Gewalt an und weicht ihr nicht aus. Und Gott nimmt ihn an. In seiner ganzen Tiefe ist die Gestalt des Gottesknechts wohl erst vom Weg Jesu her zu erfassen.

Der Weg Jesu

Jesu Weg beginnt nicht damit, sich schlagen zu lassen, sondern sich lieben zu lassen – von Gott! Wer sich auf ihn einlässt, der muss sein Leben nicht selbst sichern. Er hat den Rücken frei. Wem Gott *die* Realität seines Lebens ist, der muss keine Angst mehr um sich selbst haben. Er ist so frei, auch Schläge einzustecken. So wenig wie das Ertragen von Schlägen der Beginn der Botschaft Jesu ist, so wenig ist es ihrer Weisheit letzter Schluss. Jesus rät nach Lk 6,29 f nicht etwa nur dazu, die erfahrene Gewalt einfach hinzunehmen und die andere Backe hinzuhalten nach der Devise: Steck's halt ein. Trag's mit Geduld. In seinen Worten steckt nichts von resignativem Sichabfinden, kein Hinweis, der die Forderungen als klug und vernünftig empfiehlt – eher Provokation, den Kreislauf der Gewalt zu durchbrechen. Sie bleiben aber nicht beim Protest stehen, sie fordern zu einer neuen schöpferischen Initiative heraus. Dem, der mich schlägt, gebe ich zu verstehen: Auch wenn du noch einmal schlägst, mich bekommst du nicht zum Feind. Ich mache das Spiel nicht mehr mit, ich steige aus. »Unseren Gegnern sagen wir: Unsere Leidenskraft ist ebenso groß wie eure Macht, uns Leiden zuzufügen. Tut mit uns, was ihr wollt, wir werden euch trotzdem lieben« (Martin Luther King).

Reich Gottes

Jesu Wort ist an Menschen gerichtet, für die die Zeit erfüllt und das Reich Gottes nahe ist (vgl. Mk 1,15). Ihnen sagt er: Die Zukunft hat schon begonnen. Unter euch ist schon Gegenwart, was Zukunft aller werden soll. Ihr seid bereits Bürgerinnen und Bürger der neuen Welt. Ihr müsst nicht mehr Gleiches mit Gleichem vergelten, ihr könnt schon anders leben. – Wir können Jesu Wort nur dann richtig verstehen, wenn wir auf ihn selbst schauen. Seine Weisung hängt an seiner Person. Er hat so gelebt. Er hat Gewalt nicht mit Gewalt beantwortet. Bar aller Machtmittel ist er in den Tod gegangen. Das Kreuz bringt das ganze Ausmaß menschlicher Gewalttätigkeit ans Licht und offenbart zugleich Gottes Gewaltlosigkeit. Jesu Weg ist riskant, er führt zu keiner glatten Lösung. Die Gewaltlosigkeit hat ihren Preis. Er wurde auf Golgota gezahlt.

Was der Glaube wagt

Das Evangelium ist Einladung zu einem Leben, das sichtbar werden lässt, was der Glaube wagt. Es wäre viel gewonnen, wenn die Gewaltfreiheit im kirchlichen Bewusstsein den Rang eines evangelischen Rates bekäme. Den hat sie doch offensichtlich in der Intention Jesu. Ein Rat verpflichtet nicht alle Christen gleichermaßen, er lässt andere Wege offen. – Die Christenheit ist der Herausforderung zum Gewaltverzicht als Volkskirche kaum gerecht geworden. Heute scheint das Ende der Volkskirche gekommen zu sein. In weiten Teilen Deutschlands sind wir bereits in der Diaspora. Das könnte uns neu nach der Kirche des Ursprungs (der vorkonstantinischen Zeit) fragen lassen und nach der Tradition des Gewaltverzichts in der Christenheit. Wie haben Minderheitskirchen (Freikirchen!) die Botschaft Jesu ausgelegt und zu leben versucht? Welche Rolle hat sie im Mönchtum gespielt, nicht zuletzt bei Franz von Assisi? – Wir sind gefragt, Schritte zu tun auf dem Weg zur Gewaltfreiheit. Das Zurückschrecken, das Stolpern und Stürzen wird uns dabei nicht erspart bleiben. Wir sollten uns nicht beirren lassen durch die, die meinen, es sei doch nichts zu machen, die jeden Neuansatz in Lethargie ersticken. Es gilt, aufzubrechen aus der Welt zerstörerischer Gewalt in die Welt schöpferischer Liebe. Schritte auf diesem Weg sind dem möglich, für den Jesus Christus eine Realität ist.

Liebt eure Feinde

7. SONNTAG IM JAHRESKREIS
Schrifttext: Lk 6,27–38

Schluss mit dem Hassen

Den Nächsten lieben, den Feind hassen, das ist als Gottes Wille verstanden worden. Es ist nicht selten unsere Art zu empfinden, zu denken und zu handeln. Oft bringen wir nicht einmal die Bereitschaft auf, eine Feindschaft vernarben zu lassen; stattdessen legen wir es darauf an, den Hass auf einen Menschen immer wieder zu erneuern und uns seine vermeintlichen Untaten in Erinnerung zu rufen. Wir wollen ihn im Grunde aus dem Segen Gottes ausschließen. Im Evangelium heißt es dagegen lapidar: »Liebt eure Feinde; tut denen Gutes, die euch hassen! Segnet die, die euch verfluchen; betet für die, die euch beschimpfen!« (6,27 f). Das Gebot der Feindesliebe wird einige Verse weiter ausdrücklich noch einmal eingeschärft (vgl. 35).

Kontrasterfahrung

Liebe und Feinde, Wohltun und Hass, Segnen und Fluchen, Beten und Misshandeln sind Gegensätze. Jesu Wort ist eine Kontrastforderung. Der Kontrast liegt darin, dass Jesus an der Grausamkeit der Feinde nichts abstreicht und gerade sie zu lieben auffordert. Die Feinde werden nicht philanthropisch verklärt, sondern in ihrer ganzen Härte und Grausamkeit gezeigt: Sie hassen, fluchen, beschimpfen. Im Kontrast zu ihrer Boshaftigkeit fordert Jesus die Jünger auf, sie nicht auch noch irgendwie, sondern gerade sie zu lieben. Das Gebot der Feindesliebe duldet keine Grenzen. Lukas verbindet es mit der Goldenen Regel (vgl. 31). Alle gehören zur Familie Gottes, der auch gegenüber den Undankbaren und Bösen gütig ist. Selbst die Verfolger der christlichen Gemeinde bleiben deren Nächste. Die Jünger sollen betend für sie vor Gott eintreten.

Grundgesetz des Glaubens

Die Feindesliebe ist das Grundgesetz des Glaubens, sagt der frühchristliche Theologe Tertullian. Sie ist ein Stück christlicher Originalität, original Jesus. Nimmt man die jüdischen Einzelaussagen, die in eine ähnliche Richtung deuten, zusammen, so kann man sagen, dass bei Jesus eine äußerste Zuspitzung dessen vorliegt, was auch im Judentum neben gegenteiligen Aussagen anzutreffen ist. Die Feindesliebe ist nicht eine Forderung neben anderen, sondern Mitte und Spitze der Weisungen Jesu. Sie ist eine Aufgabe, die alle Christen in Bewegung setzt. Aber nicht alle kommen gleich weit auf diesem Weg.

Der Weg Jesu

Wie das aussieht, hat Jesus gezeigt. Er hat in seinem Volk viele Grenzen zwischen Bösen und Guten, Gerechten und Ungerechten vorgefunden: Mit »Zöllnern und Sündern« (Lk 7,34) setzte man sich nicht an einen Tisch. Die »Räuber, Betrüger und Ehebrecher« (18,11) mied man. All diesen Gruppen fühlte man sich moralisch überlegen. Man verachtete sie im Namen Gottes und ging ihnen aus dem Weg. Jesus tat das Gegenteil. Er hat die sorgfältig bewachten Grenzen der Feindschaft Mal für Mal überschritten und sich gerade so als *der* Sohn Gottes erwiesen. Vor allem durch das Verhalten in seiner Passion hat er bekundet, dass er die Feindesliebe nicht nur proklamiert, sondern auch lebt (vgl. 23,34). Er handelt so, weil mit ihm die Herrschaft Gottes im Kommen ist. Die Frage an uns ist also, ob der Glaube an das angebrochene Gottesreich so tragfähig ist, dass wir frei werden können, unsere Feinde zu lieben. Die Feindesliebe ist die Konsequenz eines radikalen christlichen Glaubens.

Der Feind in mir

Das alles betrifft nicht zuletzt die Art, wie wir mit uns selbst umgehen. Nur wer sich von Gott geliebt glaubt und sich deshalb selbst lieben lernt, wird den Mut und die Demut finden, auch seine eigenen Schattenseiten anzuschauen und sich dort anzunehmen, wo er sich selbst Feind ist. Wie schwer kann das sein! Wie viel Kraft und Standfestigkeit braucht es, um vor sich selbst nicht wegzulaufen und das eigene Dunkel in sich selbst nicht länger zu verdrängen. Das ist ein langer Weg der Umkehr, der Selbstannahme, des Sichanfreundens mit sich selbst. Er kann nur gelingen, indem wir Gottes unbedingte Liebe durch andere Menschen erfahren. Er kann nur gelingen, wenn wir uns in der Nachfolge Jesu von seiner Güte beschenken lassen. Umgekehrt können wir nur dann andere auch in ihrer Befremdlichkeit, ihrer Feindlichkeit zu lieben lernen. Der Fremde in uns und neben uns, der Feind in uns und neben uns will geliebt und so erlöst sein. Ohne den liebevollen Umgang mit uns selbst im Namen Gottes muss es zu Feindbildern kommen. Was wir an uns selbst hassen, projizieren wir auf andere. Was wir an uns selbst nicht annehmen, das trauen wir umso mehr anderen zu. Gerade diejenigen, die sich selbst für Friedensengel und Unschuldslämmer halten, sind in Gefahr, dem anderen das Schlimmste zuzutrauen. Wer sich selbst ins reine Licht stellt, bringt die andern in den Schatten – und dabei ist es meist der eigene Schatten, den man auf andere wirft. Wer an den Gott der Nächsten- und Feindesliebe glaubt, wird sich selbst so lieben lassen, dass er lieben kann.

In Bildern

8. SONNTAG IM JAHRESKREIS

Schrifttext: Lk 6,39–45

Jesus spricht in ganz einfachen, alltäglichen Bildern, um das, was er sagen will, zu veranschaulichen. In verschiedenen Gleichnissen bringt er das zum Ausdruck. Drei davon kommen hier zur Sprache.

Blinde Führer?

Der niederländische Maler Pieter Bruegel (der Ältere) hat ein Bild gemalt mit dem Titel »Der Blindensturz«. Darauf zeigt er, wie eine Gruppe von sechs Blinden bei abschüssigem Gelände auf einen Tümpel zusteuert. Der Anführer ist bereits ins Wasser gestürzt und zieht einen der Gefährten mit in den Abgrund. Alle sind miteinander verbunden, allen steht also der Sturz in den Tümpel bevor. Das Gemälde ist eine eindrucksvolle Interpretation des Schriftwortes »Kann etwa ein Blinder einen Blinden führen? Werden nicht beide in eine Grube fallen?« (39). Einer, der nicht sehen kann, sieht auch die vor ihm liegende Grube nicht, vielmehr stürzt er hinein. Wie soll der einem den rechten Weg weisen können? Das Gleichnis richtet sich an die, die in Kirche und Gesellschaft das Sagen haben und ihren eigenen blinden Fleck nicht erkennen. Wer andere führen will, muss einen klaren Blick haben, er muss durchblicken. Wenn er etwa auf dem rechten Auge blind ist, hat das fatale Folgen.

Splitter im Auge

Ein Splitter im Auge macht fast blind. Man hat einen getrübten Blick und eine eingeschränkte Perspektive. Es ist schmerzhaft, sich den Splitter, gar den Balken im eigenen Auge einzugestehen, zu erkennen, wo und wie tief er sitzt, und ihn dann herauszuziehen. Aber das ist eine Chance! Der Blick wird wieder frei. Wir verdrängen nur allzu leicht dunkle Seiten und projizieren sie auf andere, verurteilen sie, aber mit ihnen auch uns selbst. Das Maß, das wir an andere anlegen, gilt auch für uns. Man sollte also erst einmal vor der eigenen Haustür kehren. Einsicht in die eigene Situation weckt Verständnis für andere. Die Erfahrung lehrt, dass beim Entfernen des Splitters oder Balkens aus dem Auge die Hilfe anderer notwendig ist.

Heuchler

Heuchler leben in der Illusion, selbst auf dem richtigen Weg zu sein, während die anderen irren. Die eigene Fehlerhaftigkeit wird ausgeblendet. Man will dem Tribunal entkommen, indem man sich selbst auf den Richterstuhl setzt. »Du Heuchler! Zieh zuerst den Balken aus deinem Auge« (42), zieh zuerst Konsequenzen aus deinem Versagen, treib zuerst die Lebenslüge aus, die in dir selbst brütet. Dann magst du hingehen zu anderen und ihnen sagen, was unrecht an ihnen ist. Auf einen realistischen Umgang mit eigenen Fehlern und Schwächen kommt es an, darauf, sich selbst als Lernenden zu erkennen. So schafft man die Voraussetzung, anderen etwas sagen zu können. Es geht um ein bestimmtes Verhalten, mehr noch: um eine bestimmte Haltung. Menschen sollen großmütig und freundlich mit anderen umgehen. Sie können es, weil sie selbst Gottes Großmut erfahren haben. Da, wo es Menschen gelingt, anderen gegenüber freundlich und freigebig zu handeln, werden sie ebensolche Erfahrungen machen. Entscheidend ist, nicht zuerst andere ändern zu wollen, sondern sich selbst.

Der schlechte und der gute Baum

Das Bild vom guten Baum, der gute Früchte trägt, und umgekehrt vom schlechten Baum, der schlechte Früchte trägt, ist einleuchtend. So ist es beim Menschen. Er muss ein lauteres Herz haben. Alles ist Blech, wenn das Herz nicht aus Gold ist (vgl. 45). Zu erkennen ist das an seinen Taten, wie man den Baum an seinen Früchten erkennt. Kardinal Carlo Maria Martini sagte in einem Interview: »Die wichtigste Verhaltensregel, die Jesus uns lehrt, ist die: Wenn ich weiß, dass der andere aus gleichem Holz geschnitzt ist wie ich, dass er ähnliche Stärken und Schwächen hat wie ich, dann gibt diese Nähe auch Kraft, den anderen zu mögen. Wenn ich mich vom anderen gedrängt fühle und mir denke, dass er böse ist und ich gut bin, dass er schwach ist und ich stark bin, dann mag ich ihn nicht. Wenn ich weiß, dass wir alle im selben Boot sitzen, dann weckt dieser Gedanke in mir Mitgefühl und Liebe.«

Heilung

9. SONNTAG IM JAHRESKREIS

Schrifttext: Lk 7,1–10

Leibhaftig

Wunder – die Evangelien sind voll davon. Sind die Wundererzählungen nicht eine Zumutung für uns aufgeklärte Zeitgenossinnen und Zeitgenossen? Man ist als Prediger versucht, auf andere Felder auszuweichen. Doch es ist ein Irrtum zu meinen, das Evangelium sei leichter zu verkündigen, wenn man die Wunder stillschweigend übergeht oder sie entschärft, indem man sie rein geistlich deutet, also das Wunder nach innen verlagert. Als gehe es Jesus nur um das Heil der Seele, nicht um die leibliche Heilung. Das würde den Erzählungen ihre Spitze nehmen. Sie sprechen ja gerade von einem leibhaftigen Geschehen. Es ist ernsthaft nicht zu bestreiten, dass Jesus Menschen geheilt hat. Er ist der Heiland. Gut, aber zurück zur Eingangsfrage: Was fangen wir heute mit den Heilungserzählungen an?

Kampf gegen Krankheit

Sie sagen uns, dass der ganze Jammer und die menschliche Not Jesus hautnah auf den Leib gerückt sind: Aussätzige, Gelähmte, Besessene, Blinde, Stumme – Menschen mit körperlichen, seelischen und sozialen Gebrechen. Und Jesus weicht nicht aus, auch nicht dem Notruf eines heidnischen Hauptmanns. Die Wunder zeigen, wie er sich für das Leben einsetzt, wie er kämpft gegen Krankheit und Leid, gegen alles, was Leben behindert und zerstört. Er will, dass unser leibhaftiges Leben gelingt.

Sozialstationen

Das haben die Christen von Anfang an begriffen: Es geht im christlichen Glauben um den *ganzen* Menschen, nicht zuletzt auch um seine Gesundheit. Durch das Christentum kam jene Kultur in die Welt, ohne die es keine Krankenhäuser und Hospize gäbe, keine Einrichtungen für Menschen mit Behinderung. Schon im 5./6. Jahrhundert gab es in ganz Gallien zusammen mit der Christianisierung ein Netz von Sozialstationen. Wo eine Kirche gebaut wurde, da entstand auch eine soziale Einrichtung. Der christliche Glaube beschränkt sich nicht nur auf den Kult, er kümmert sich um den ganzen Menschen. Das kennzeichnet ihn gegenüber anderen Religionen. Unsere Frömmigkeit ist nicht christlich, wenn sie nicht neben dem Gottesdienst auch den Menschendienst hochschätzt.

Zeichen

Die Wundererzählungen sind mehr als nur die praktische Seite des Wirkens Jesu. Sie sind Zeichen, die über die einzelne Tat hinaus auf das Ganze seiner Botschaft und seines Handelns hinweisen. Eine neue Weltordnung kündigt sich an: Gott will die Welt im Ganzen retten. Jesus ist der Arzt, der die Menschen nachhaltig und auf Dauer heilen will. Er überhört auch den Notschrei eines heidnischen Hauptmanns nicht. Er wertet ihn als Ausdruck des Glaubens (vgl. 9). »Allen wird Heil, die ihm vertrau'n ...«

Das Ziel

Das kennen wir doch: Wenn man nachts in einer fremden Gegend mit dem Auto unterwegs ist, kann's geschehen (wenn man kein Navigationsgerät hat), dass man die Orientierung verliert. Da taucht dann auf einmal ein Wegweiser im Scheinwerferlicht auf. Wir sehen das Schild, und schon ist es wieder weg. Doch der Augenblick, in dem wir es gesehen haben, genügt. Man weiß, wo man ist. Man weiß, woran man ist. Man weiß, wohin die dunkle Straße führt. Die Wunder sind solche Zeichen. Sie weisen uns den Weg, zeigen an, wohin unsere bisweilen dunkle Lebensstraße führt. Jesus will uns sagen: Seht in den Wundern das Ziel, dem ihr entgegengeht, den neuen Himmel und die neue Erde. So heißt es im vorletzten Kapitel der Offenbarung des Johannes: Gott »wird alle Tränen von ihren Augen abwischen. Der

Tod wird nicht mehr sein, keine Trauer, keine Klage, keine Mühsal. Denn was früher war, ist vergangen. Er, der auf dem Thron saß, sprach: Seht, ich mache alles neu« (Offb 21,4–5). Das ist unser Ziel. Der Anfang ist durch Jesus gemacht.

Vorzeichen

10. SONNTAG IM JAHRESKREIS
Schrifttext: Lk 7,11–17

Die Situation

Zwei Bewegungen stoßen hier aufeinander: Jesus kommt mit seinen Jüngern und einer großen Menschenmenge nach Nain – eine Bewegung des Lebens. Aus der Stadt kommt ein Leichenzug auf dem Weg zum Friedhof – eine Bewegung auf den Tod hin. Am Stadttor stößt der Zug des Lebens auf den Zug des Todes. Der Tote, der dem Trauerzug vorangetragen wird, ist nicht alt und lebenssatt gestorben, sondern ein junger Mann, der das Leben noch vor sich hatte. Er war – darin zeigt sich die ganze Trostlosigkeit der Situation – der einzige Sohn einer Witwe, also ihre ganze Hoffnung. Er hatte ihr den Lebensunterhalt garantiert.

Aufstand gegen den Tod

Jesus macht nicht einen großen Bogen um den Leichenzug. Er geht ihm entgegen, stellt sich dem Zug des Todes in den Weg. Er spricht die Witwe an. Er sagt nicht etwa nur: Herzliches Beileid! Er tritt an die Totenbahre und spricht den verstorbenen jungen Mann an: »Ich sage dir: Steh auf!« (14). Und es geschieht, was Jesus sagt. Aufstand gegen den Tod! Man kann es gut verstehen, dass die Leute staunen und Gott preisen: »Ein großer Prophet ist unter uns erweckt worden« (16).

Fragen

Die Tat, so umwerfend sie ist, wirft Fragen auf: Jesus hat den jungen Mann ins Leben zurückgerufen, ja! Er hat der Witwe eine neue Lebensperspektive eröffnet. Aber was ist mit der Verzweiflung unzähliger Mütter, denen Jesus nicht begegnet ist? Zur gleichen Zeit mussten in Jerusalem, Athen und Rom Mütter ihre Söhne zu Grabe tragen. Da hat Jesus sich nicht gerührt. Der Strom der weinenden Mütter ist durch die Jahrhunderte nicht abgerissen. Was soll angesichts all dieses Leids diese eine Geschichte in Nain? Sie ist ein Zeichen, das unserem Leben Orientierung gibt in allen Dunkelheiten, ein Vorzeichen auf Ostern hin.

Mitten im Leben sind wir vom Tod umfangen

In vielen alltäglichen Ereignissen können wir Vorboten des Todes erkennen: Unfälle, Krankheiten, Scheitern im Beruf, Abschiednehmen, Einsamkeit. Wenn wir auf unsere Sprache achten, können wir Entdeckungen machen. Wir sprechen davon, dass wir jemanden erledigen, fertigmachen, abschießen, kaltstellen, kaputtmachen … Wir sagen: ›Der ist für mich gestorben … Den kann ich auf den Tod nicht leiden … Den kannst du vergessen … Der ist erledigt …‹ Es gibt Menschen, die ›gehen über Leichen …‹ Offenbar begegnet uns der Tod nicht nur am Ende des Lebens (Exitus), sondern jetzt schon, mitten im Leben. Und er ist nicht etwa nur eine Macht, die uns von außen überfällt, sondern auch unsere Tat. Wir können ihn uns zufügen, indem wir jemanden totschweigen oder totreden, ihn mundtot machen oder über die Klinge springen lassen, indem wir Rufmord begehen. »Es gibt viele Arten, zu töten«, sagt Bertolt Brecht in seinem »Buch der Wendungen«. »Man kann einem ein Messer in den Bauch stechen, einem das Brot entziehen, einen von einer Krankheit nicht heilen, einen in eine schlechte Wohnung stecken, einen durch Arbeit zu Tode schinden, einen zum Suizid treiben, einen in den Krieg führen usw. Nur weniges davon ist in unserem Staat verboten.« Gibt es in der vom Tod umfangenen Welt die Möglichkeit neuen Lebens?

Mitten im Tod sind wir vom Leben umfangen

Das ist unser Glaube: dass der Tod vom Leben umfangen ist. Durch Jesus bekommt es der Tod mit Gott zu tun. Gott ist der Tod des Todes. Nichts im Leben ist so gewiss wie der Tod. Nichts im Glauben ist so gewiss wie der Tod des Todes. Dafür steht Jesus, den Gott von den Toten auferweckt hat. Damit ist das Ziel unseres Lebens angezeigt. In der Offenbarung des Johannes heißt es: Gott »wird alle Tränen von ihren Augen abwischen. Der Tod wird nicht mehr sein, keine Trauer, keine Klage, keine Mühsal. Denn was früher war, ist vergangen« (21,4). Die Geschichte von Nain ist nicht passé. Sie ist ein Zeichen auf den neuen Himmel und die neue Erde hin (vgl. 21,1). Etwas davon soll in unserem Leben spürbar werden:

Hoffnung in der Verzweiflung;
Trost in der Trostlosigkeit;
Freiheit in der Angst;
Liebe, wo der Hass wütet.

Zu Gast bei Simon

11. SONNTAG IM JAHRESKREIS

Schrifttext: Lk 7,36–50

Das hatte sich der Pharisäer Simon wohl anders gedacht, als er Jesus zum Essen einlud. Er wollte ihn kennenlernen und sich mit ihm unterhalten über das, was er verkündigte. Er wollte ihn besser verstehen lernen. Stattdessen kommt es zu einem Eklat, der deutlich werden lässt, was Jesus am Herzen liegt: Er ist ein »Freund der Zöllner und Sünder« (34).

Die Sünderin

Eine stadtbekannte Sünderin nutzt die Gelegenheit, im Haus des Simon »von hinten« (38) an Jesus heranzukommen. Sie sagt kein einziges Wort. Sie hält sich weder an die gängigen Schranken noch an die gewohnten Anstandsregeln. Sie platzt in die Männergesellschaft hinein und geht vor Jesus in die Knie. Sie ist ihr Leben leid, will nicht mehr so weiterleben. Eine Frau, die am Nullpunkt ihres Lebens auf einen neuen Anfang hofft. Sie benetzt mit ihren Tränen die Füße Jesu, wäscht und küsst sie. Eine Frau wäscht einem Mann die Füße und trocknet sie mit ihrem Haar. Dazu ist diese Frau eine Prostituierte. Das ist ein Skandal.

Simon

Der Pharisäer Simon verhält sich wie ein Musterknabe. Er gleicht dem älteren Sohn aus dem Gleichnis vom barmherzigen Vater, der zu Hause geblieben ist (15,25–32). Die beiden sind Seelenverwandte. Simon weiß genau, wem Wasser für die Füße, Salböl, Küsse zustehen und wem nicht. Er bittet Jesus zwar zu Tisch, aber berührt ihn nicht. Und er lässt sich nicht von ihm berühren. Vielmehr denkt er: ›Wenn der wüsste, von wem er sich berühren lässt. Der will ein Prophet sein!‹ (vgl. 39). Simon unterscheidet: zwischen sich und der Sünderin, zwischen unverschuldeter und verschuldeter Sünde, zwischen einem Propheten, der in seinem Sinne urteilt und dem, der anders denkt und sich verhält. Deshalb kann er es wohl nur schwer ertragen, wenn sein Gast Unterscheidungen derart missachtet, indem er die Berührungen der Frau duldet, sich berührt zeigt von ihrer Liebe und ihrem Glauben.

Simon in uns

Simon berührt mich, weil ich mich in ihm wiedererkenne: ›Es muss doch Regeln des Anstands, der Moral und der Sitte geben. Wo kommen wir sonst hin? Schuld bleibt Schuld, Sünde ist Sünde. Strafe muss sein. Solidarität mit den Sündern, mit den Strafentlassenen – löst sich da nicht alles auf? Wird Nachsicht nicht zum Freibrief für ein Leben jenseits von Gut und Böse? Feste Maßstäbe müssen sein.‹ Es gibt in uns eine Neigung zur Korrektheit, die andere zu Sündenböcken macht. Das führt zu einer Frömmigkeit, die vom Urteilen und Verurteilen nicht loskommt. Jesus will Simon – und den Simon in uns – davon abbringen und zur Freiheit des Glaubens bekehren.

Jesus

Jesus und die Sünderin stehen im Vordergrund der Erzählung. Jesus akzeptiert die Liebe der Frau und verleiht ihr dadurch die Würde, die ihr die Umwelt nicht zugesteht. Er nagelt sie nicht fest auf ihre Vergangenheit, ihre Vorgeschichte. Er erlaubt ihr, nicht als ausgestoßene, anstößige Frau aufzutreten, sondern als aufrechte Frau mit Würde. »Deine Sünden sind dir vergeben« (48). Im Namen und im Auftrag des Vaters spricht Jesus: Du bekommst eine neue

Lebensgrundlage. Du hast ungehinderten Zugang zum Reich Gottes. Du gehörst dazu. Du hast Bleiberecht bei meinem Vater und bei mir.

Die Erzählung endet mit einem Friedenswunsch. Von Gott werden wir nicht daran gemessen, was wir in der Öffentlichkeit gelten, sondern was wir unter seinem Segen sind: Menschen mit der Würde eines von Gott geliebten Geschöpfes. »Dein Glaube hat dich gerettet. Geh in Frieden!« (50).

Frauen in der Kirche

12. SONNTAG IM JAHRESKREIS

Schrifttext: Gal 3,26–29[1]

Ebenbild Gottes

Es gibt Worte der Bibel, die haben Geschichte gemacht. Grundlegend ist das Wort aus der ersten Schöpfungsgeschichte: »Gott erschuf den Menschen als sein Bild, als Bild Gottes erschuf er ihn. Männlich und weiblich erschuf er sie« (Gen 1,27). Das ist in doppelter Hinsicht revolutionär:

- Es sind keine Tiere oder Statuen, die als wirkmächtige Repräsentationen Gottes in der Schöpfung gelten, auch keine Priester nur und Könige. Der Mensch ist es, jeder Mensch, Adam und Eva, Mann und Frau. Das ist das Fundament der Demokratisierung gesellschaftlichen und politischen Lebens.

1 Das Evangelium dieses Sonntags ist eine verkürzte Form des Petrus-Bekenntnisses Mt 16,13–20. Dazu: Franz Kamphaus, »Tastender Glaube. Inspirationen zum Matthäus-Jahr«, Patmos Verlag, Ostfildern 2016, 147–149.

- Mann und Frau haben die gleiche Menschenwürde und gleiche Rechte, sind in klarer Selbständigkeit aufeinander bezogen. Die Frau ist nicht Mensch zweiter Klasse, sondern wie der Mann Bild Gottes, wesenhaft gleichberechtigt.

Gleichberechtigung

Damit kommen wir zur heutigen Lesung. Gott hat in Jesus Christus alles eingesetzt, um uns sein Bild vom Menschen zu verdeutlichen: »Es gibt nicht mehr Juden und Griechen, nicht Sklaven und Freie, nicht männlich und weiblich; denn ihr alle seid einer in Christus Jesus« (Gal 3,28). Dieser Satz steht für die gottgewollte Gleichberechtigung der Geschlechter. Er ist durch die Verkündigung und durch das Verhalten Jesu gedeckt. Wir Christen dürfen uns von niemandem darin übertreffen lassen, Recht und Würde der Frauen zu achten. Zugleich müssen wir bekennen, dass wir oft hinter diesem Anspruch zurückgeblieben sind. Verirrungen und Schuld durchziehen die Christentumsgeschichte. Das zeigt sich schon bei Paulus (etwa 1 Kor 11,7–9), erst recht in den späteren Briefen: »Der Mann ist das Haupt der Frau« (Eph 5,23). Solche Sätze haben sich unheilvoll ausgewirkt.

Aufbruch

Frauen und zunehmend auch Männer sind heute unterwegs, eine neue, reifere Gestalt ihres Menschseins für sich, füreinander und für unsere Gesellschaft zu entdecken. Wir haben allen Grund, kirchlicherseits solche Aufbrüche nicht zu belächeln oder gar zu behindern; wir sollten sie vielmehr nach Kräften fördern und mitgestalten. Das gilt etwa für den Bereich der Bildung. Anfang 1900 meinte die gesamte Professorenschaft in Deutschland noch, die Frauen könnten wegen mangelnder Intelligenz nicht zur Universität zugelassen werden. Was hat sich seither alles getan! Frauen haben wie selbstverständlich ihren Beruf, sind Universitätsprofessorinnen, auch in Theologie. – Die medizinische Entwicklung ermöglicht der Frau eine Selbständigkeit und Unabhängigkeit im Bereich der Sexualität, man denke nur an die sogenannte Pille. Natürlich sind damit auch eine Menge Fragen aufgeworfen, die kirchlich gesehen noch längst nicht aufgearbeitet sind. Was war an überlieferten Vorstellungen und Verhaltensweisen ungenügend und unchristlich, was ist es an gegenwärtigen Haltungen und Praktiken?

Mit Phantasie und Einsatzfreude

Wer ist der erste Christ auf europäischem Boden? Nicht ein Mann, sondern eine Frau namens Lydia aus Philippi. Die Apostelgeschichte berichtet darüber (16,11–15).

Seit es die Kirche gibt, haben Frauen mit viel Phantasie und Einsatzfreude ihre Begabungen in das Leben der Gemeinden eingebracht: in der Weitergabe des Glaubens, in der Sorge um die Armen und Kranken und im Dienst an einer warmherzigen Atmosphäre. Sie sind in der Kirche oft mehr zu Hause als die Männer; entsprechend müssen sie mit ihren Fähigkeiten und ihrer Berufung zum Zuge kommen. Nur Frauen und Männer gemeinsam können den Reichtum der biblisch bezeugten Gotteserfahrung entdecken und entfalten. Wie in unseren Chören dürfen die Stimmen der Frauen bei der Bezeugung des Glaubens nicht fehlen. Leben wir auf allen Ebenen der Gemeinde und der Kirche so, dass deutlich wird: Wir sind einer in Christus? Das Pauluswort aus dem Galaterbrief kann durch die kulturellen und gesellschaftlichen Veränderungen, die wir erlebt haben und erleben, ganz neu gewürdigt und verwirklicht werden.

Eine Provokation

13. SONNTAG IM JAHRESKREIS

Schrifttext: Lk 9,57–62

Ohne Vorbehalt

Kurz und bündig sind die Worte Jesu, messerscharf, provozierend. Der Erste, der Jesus nachfolgen will, erklärt spontan seine Blanko-Bereitschaft. Jesus weist ihn auf die Risiken hin: »... der Menschensohn aber hat keinen Ort, wo er sein Haupt hinlegen kann« (58). Den Zweiten und den Dritten spricht Jesus von sich aus an. Sie geben ihre Zusage unter Vorbehalt. Jesus antwortet ihnen: Lasst euch weder von lebenden noch von toten Angehörigen aufhalten. Konventionen gelten nicht mehr. Alte Verbindlichkeiten werden durch eine zentrale neue aufgehoben: das Reich Gottes (vgl. 62).

Abstoßend und faszinierend

Jesu Worte sind abstoßend und faszinierend zugleich. Als ich junger Student war, hat mich ihre provokative Kraft begeistert. Inzwischen weiß ich Ruhe sehr zu schätzen. Ich möchte ein Nest haben, das wärmt, eine Stelle, wo ich mich hinlegen und schlafen kann. Ich bin dankbar für das bergende Haus und für die Familie, in der ich aufwachsen durfte. Die Toten möchte ich begraben, und wenn ich schon gehen muss, dann möchte ich vorher Abschied nehmen und zurückschauen. Was also fangen wir mit diesen Worten des Evangeliums an? Offensichtlich verhalten wir uns mit guten Gründen anders.

Zuerst

Wer Jesu Jünger sein will, kann nicht sagen: aber bitte nur im Rahmen meiner Freiräume. Erst einmal ist da mein Beruf, dann die Familie, und schließlich muss ich auch an mich selbst denken. Jesus lässt sich nicht in den Herrgottswinkel unseres bürgerlichen Lebensstils abschieben. Von ihm aus haben sich unsere hergebrachten Verpflichtungen und Einstellungen, unsere Sitten und Gebräuche durchleuchten zu lassen. Sie verführen uns nur allzu leicht dazu, dass wir uns vor Lebensentscheidungen drücken: Ich würde ja gern, aber da ist zuerst noch dies oder jenes zu erledigen. Man muss im Leben Prioritäten setzen: Was ist zuerst dran, und was folgt dann? Die beiden, die Jesus anspricht, wollen zuerst noch Wichtiges erledigen, und Jesus sagt ihnen: Zuerst das Reich Gottes! Was steht bei mir an erster Stelle? Was ist mein Zuerst?

Radikal

Als ich über diese Verse nachdachte, kam mir immer wieder das Wort »radikal« in den Sinn. Jesus ist radikal, zu Deutsch: Er geht an die Wurzel. Er fordert uns heraus, ganz und gar, nicht halb und halb. Nichts kennzeichnet uns Christen hierzulande so sehr wie der Mangel an Leidenschaft. Wir finden immer einen Grund, nicht radikal zu sein. Fängt einer damit an, gilt er bald als Fanatiker, als Fundamentalist. Damit halten wir uns den Anspruch der Nachfolge vom Hals. Wir passen Jesu Worte unseren Lebensverhältnissen an, statt dass wir uns Jesus anpassen. Wer ihm folgen will, kann nicht zugleich anderen oder anderem hinterherlaufen. Er muss sich entscheiden. Wer dieser Entscheidung ausweicht, sie vertagt, verkennt den Ernst der Stunde. »Wer zu spät kommt, den bestraft das Leben« (Michail Gorbatschow).

Weg in die Freiheit

Wird sich angesichts dieser Herausforderung überhaupt noch jemand auf den Weg Jesu einlassen? Wir sind heute bemüht, auch den Letzten noch in der Kirche zu halten. Unser Denken geht also in eine ganz andere Richtung. Sind denn nur die Radikalen zur Christus-Nachfolge berufen? Ist nicht auch für die Mitläufer Platz? Schon sind wir dabei, Jesu Wort zu entschärfen. Er will uns auf den Weg in die Freiheit locken. Franz von Assisi war der freieste Mensch. Er hatte nichts – und hatte doch alles. Was bindet mich so sehr, dass ich sage: Ohne das kann ich nicht leben? Bei wichtigen Entscheidungen könnte als Lebenskompass die Frage dienen: Was würde Jesus dazu sagen?

Menschen des Weges

Das Gespräch mit den drei Kandidaten zur Nachfolge ereignet sich auf dem Weg: »Als sie auf dem Weg weiterzogen …« (57). Christen sind Menschen des Weges. Die Apostelgeschichte spricht an vielen Stellen davon (etwa 22,4; 24,14). Das macht uns hier in dieser Welt ein Stück fremd und nestlos. Christen sind Menschen, die daheim noch Heimweh haben, weil »wir uns auf dieser Erde nicht ganz zu Hause fühlen« (Heinrich Böll). »Wir sind nur Gast auf Erden und wandern ohne Ruh' …« (»Gotteslob«, 505). Darin liegt eine ungeheure Spannung: Einerseits sind wir sesshaft, haben Haus oder Wohnung, andererseits sind wir als Nachfolgende auf dem Weg. Nachfolge heißt Schritte tun, selbst wenn wir wissen, dass wir hinter Jesus zurückbleiben. Er hat uns die Sehnsucht ins Herz gepflanzt, die uns auf einen Weg lockt, an dessen Ende wir erwartet werden. »›Wo gehen wir denn hin?‹ ›Immer nach Hause‹« (Novalis, »Heinrich von Ofterdingen«).

Leichtes Gepäck

14. SONNTAG IM JAHRESKREIS

Schrifttext: Lk 10,1–9

Bewegung statt Sitzung

Das Wichtigste im Leben und Wirken Jesu geschieht auf dem Weg. Er hat als Wanderprediger gewirkt, nicht als etablierter Hohepriester am Tempel in Jerusalem. Er ist von Ort zu Ort gegangen und hat die Menschen dort aufgesucht, wo sie leben. So sendet er auch seine Jünger aus: Macht euch auf den Weg zu den Kranken, »sagt ihnen: Das Reich Gottes ist euch nahe!« (9). »Geht!« (3). Das ist leichter gesagt als getan. Unsere Schritte sind im Laufe der Zeit schwer geworden. Manches liegt quer und versperrt den Weg. Lassen wir uns noch von Jesus bewegen? Bewegung, das ist das Gegenteil von Sitzung. Die beschäftigen uns auf allen Ebenen kirchlichen Lebens. Und man wird oft in den quälenden Diskussionen den Eindruck nicht los: Es bewegt sich nichts! Wird man von der Kirche unserer Tage sagen können: »Und sie bewegt sich doch!?«, nicht nur in diesem oder jenem Problembereich, sondern sie bewegt sich zu den Menschen hin?

Ohne Vorrat

Leichtes Gepäck ist angesagt. »Nehmt keinen Geldbeutel mit, keine Vorratstasche und keine Schuhe!« Viele von uns brechen in diesen Tagen auf in den Urlaub. Wenn man mit dem Auto fährt, ist es oft vollgepackt mit allem möglichen Zeug. Und am Ende stellen wir fest, dass wir vieles nicht gebraucht haben. Wer mit der Bahn fährt oder einen Flug gebucht hat, muss schon kalkulieren, was in den Koffer passt. Wer zum Jakobsweg aufbricht, überlegt ganz genau, dass er keine hundert Gramm zu viel einpackt. Er muss es ja tragen. Jesus mahnt uns zu leichtem Gepäck. Was hat sich alles angesammelt in der Kirche im Laufe der Jahrhunderte! Was schleppen wir alles mit uns herum? Vieles hindert uns, nahe bei den Menschen zu sein. Es kann uns zudem ganz in Anspruch nehmen.

Zu viel Kirche?

Schließlich dreht sich alles um die Kirche und ihre machtvolle Tradition, ihr Erscheinungsbild. Wir sind zu viel Kirche und zu wenig Christus. Wenn die Kirche sich selbst wichtiger nimmt als die Botschaft, die sie zu verkündigen hat, wenn sie sich mehr liebt als Gott und den Nächsten, dann verrät sie ihren Auftrag. Die Kirche ist Medium, nicht die Sache selbst. Eine überschätzte Kirche denkt Gott zu klein, als habe er nur dann eine Chance, wenn die Kirche mit ihren pastoralen Instrumenten dazwischentritt. Gott sei Dank ist Gott viel größer. Die Kirche ist gut beraten, wenn sie sich nicht selbst zum Thema macht. Die Botschaft sind nicht wir selbst. Es geht um Gott und sein Reich. Es geht nicht darum, dass *wir* ankommen, sondern dass *er* ankommt. Er sandte »sie zu zweit vor sich her in alle Städte und Ortschaften, in die er selbst gehen wollte« (1). Es geht um sein Kommen, um seine Ankunft. Das haben wir vorzubereiten, anzukündigen.

Nackt

Bezeichnend für fast alle Reformbewegungen in der Christentumsgeschichte (v. a. Bernhard von Clairvaux, Franz von Assisi) ist, dass sie sich dem nackten Jesus verbunden fühlen: »Nudus nudum Christum sequi – nackt dem nackten Christus folgen«. Das ist durch die Jahrhunderte das Losungswort der Reformer. Sie wollen die Hülle der Entfremdungen auf den wahren Jesus hin durchstoßen. Sie wollen in ihm den Entblößten finden, jenseits aller Macht und allen höfischen Gepränges. Sie wollen den ganzen Aufwand um ihn herum durchbrechen, um ihn in bloßer Haut zu sehen, ohne die Zutat der Kleider, mit denen er im Laufe der Zeit ausstaffiert worden ist. Wie das Kind in »Des Kaisers neue Kleider«: »Schaut mal, der Kaiser ist ja nackt!« Der Blick auf die Haut dringt durch alles hindurch, was dazwischen aufgebaut ist, durch all das Drumherum. Er erzwingt die Evidenz dessen, was darunter wirklich da ist. Die wichtigsten Einsichten ins Evangelium gewinnen wir nur dann, wenn wir dementsprechend leben: »Lebe das, was du vom Evangelium begriffen hast, und sei es auch noch so wenig« (Roger Schutz).

Die samaritanische Wende

15. SONNTAG IM JAHRESKREIS

Schrifttext: Lk 10,25–37

»Man sieht nur mit dem Herzen gut …«

Das ist wohl eine der bekanntesten Erzählungen aus dem Neuen Testament. Kennen wir sie wirklich? Es geht um den Nächsten. Der Gesetzeslehrer fragt Jesus: »Und wer ist mein Nächster?« (29). Jesus antwortet ihm mit einem Beispiel: Ein Mann ist auf dem Weg von Jerusalem nach Jericho unter die Räuber gefallen. Der Priester und der Levit, zwei Geistliche also, sehen den Ausgeplünderten am Wegrand und gehen vorbei. Sie sehen ihn und sehen ihn doch nicht. »Man sieht nur mit dem Herzen gut …« (Antoine de Saint-Exupéry). Die beiden Geistlichen wollen den Kult retten, das Leben des Halbtoten retten sie nicht. So weit reicht ihre Frömmigkeit nicht.

Relativierung des Kultes

Hilfe kommt von jemandem, von dem es gar nicht zu erwarten ist. Für die Juden waren die Samariter Leute ›mit dem falschen Gebetbuch‹. Ausgerechnet einer von ihnen hilft dem, der unter die Räuber gefallen ist. Der Samariter hat nicht die orthodoxen Vorstellungen von Gott und ist deswegen vom Tempelkult ausgeschlossen, aber er hat das Herz am richtigen Fleck. Darauf kommt es letztlich an. Der Kult, der Gottesdienst wird dadurch nicht unwichtig, aber er wird relativiert: Der Gottesdienst führt nur dann zum Heil, wenn er sich im Nächstendienst bewährt.

Nächster

Zu Beginn fragt der Gesetzeslehrer Jesus: »Wer ist mein Nächster?« (29). Und zum Schluss fragt Jesus den Gesetzeslehrer: »Wer von diesen dreien, meinst du, ist dem der Nächste geworden, der von den Räubern überfallen wurde?« (36). Zwischen diesen beiden Fragen liegt ein himmelweiter Unterschied. Bei der Frage »Wer ist mein Nächster?« denken wir zumeist, die Nächsten seien die Menschen, die uns persönlich nahestehen: Verwandte, Freunde, Landsleute. Sie sind uns vertraut. Man hilft sich gegenseitig, wenn man etwas braucht. Dabei bestimme ich von mir aus, wer mein Nächster ist. Jesus dreht die Frage um: »Wer ... ist dem Nächster geworden, der von den Räubern überfallen wurde?« (36). Mit anderen Worten: Der Bezugspunkt, von dem aus die Frage nach dem Nächsten zu beantworten ist, bin nicht ich, sondern ist der unter die Räuber Gefallene. Das ist die samaritanische Wende, ähnlich der kopernikanischen Wende. Es kommt darauf an, dass wir uns nicht mehr als den Mittelpunkt betrachten, um den sich die anderen drehen. Das Opfer ist der Mittelpunkt, um den sich alles drehen muss. Und die Frage, die an jeden von uns gerichtet ist, lautet ganz einfach: Worum dreht sich's bei dir?

Strukturen der Räuberei

Diese Beispielerzählung wirft eine grundsätzliche Frage auf: Kann sich unser Handeln heute überhaupt noch am Samariter orientieren? Hat dieses Modell nicht dazu geführt, die Barmherzigkeit auf die persönliche Hilfe zu beschränken? Schließlich werden so die Unrechtsstrukturen in unserer Gesellschaft und in der Welt nur vertuscht und stabilisiert. Es genügt nicht, so lautet der Einwand, den unter die Räuber Gefallenen zu verbinden. Wenn er wieder diesen Weg geht, passiert ihm dasselbe. Es kommt darauf an, den Räubern das Handwerk zu legen, also die Strukturen der Räuberei aufzudecken und zu bekämpfen. Nächstenliebe hat sich heute im gesellschaftspolitischen Engagement zu bewähren. Wer wollte das leugnen? Trotzdem ist damit nicht alles gesagt.

Barmherzigkeit

In der professionalisierten Sorge für den Nächsten bleibt vieles offen. Da sind wir persönlich gefragt und herausgefordert, auch wenn es (wie beim Samariter) Zeit und Geld kostet. Die besten Strukturen bleiben leblos und werden unbarmherzig, wenn nicht Menschen sie mit Barmherzigkeit füllen. Was nützen alle Integrationsforderungen, wenn niemand da ist, der sich vor Ort um die Fremden (Geflüchtete) kümmert? Was bringt das hehre Wort Inklusion, wenn die Betreuten dort, wo sie wohnen, keine Menschen finden, die sie annehmen und achten, Zeit für sie haben? – Die Erzählung vom barmherzigen Samariter hat sicher viele unserer sozialpolitischen Fragen nicht im Blick, aber sie bringt etwas zum Ausdruck, was diesen Fragen vorausliegt und sie überschreitet: den Blick für den Menschen und die Zuwendung zu ihm. Die sind durch nichts zu ersetzen.

Hören auf Jesu Wort

16. SONNTAG IM JAHRESKREIS

Schrifttext: Lk 10,38–42

Als Auftakt der Samaritererzählung dient das Gebot der Gottes- und Nächstenliebe (vgl. 10,27). Die Gestalt des barmherzigen Samariters steht für die Nächstenliebe, die Erzählung von Marta und Maria für die Gottesliebe. Selbstverständlich ist beides miteinander verschränkt.

Zusammenhalten, was zusammengehört

Da hört's doch auf, wird mancher bei diesem Evangelium denken. Jesus lässt sich die Gastfreundschaft der Marta gern gefallen und tadelt sie dann wegen ihrer Geschäftigkeit. Und Maria, die zum Leidwesen der Marta nur am Boden hockt und Jesus zuhört, wird gelobt. Wie soll man das verstehen? Man kann nicht alles auf einmal sagen, wird der Evangelist denken, wenn er der Beispielgeschichte vom barmherzigen Samariter direkt die Erzählung von Marta und Maria (der beiden Schwestern!) folgen lässt. Dort die Aufforderung: »Geh und handle du genauso« (10,37), hier das Hören auf Jesu Wort als das, worauf es ankommt. Man kann Hören und Handeln nicht gegeneinander ausspielen. Was wäre, wenn der Samariter gesagt hätte: Ich muss zunächst Gottes Wort hören, dann sehen wir weiter. So dachten Priester und Levit und überhörten, dass der Ausgeplünderte nach Hilfe schreit. Umgekehrt führt ein Handeln ohne vorheriges Hören zu blindem Aktionismus.

Zwei Seiten einer Medaille

Reden ist Silber, Schweigen ist Gold. Ein Schweigen, um Jesu Wort zu hören! Ohne dieses Wort wüssten wir nicht, dass Gottes Wille dem Leben der Menschen gilt. Es bringt unser Leben auf einen ganz bestimmten Weg, auf den Weg von Jerusalem nach Jericho, dorthin, wo der Ausgeplünderte im Straßengraben liegt. Der hörenden Maria steht ein bewegtes Leben bevor, wenn sie sich einlässt auf das, was Jesus ihr sagt. Hören und Handeln gehören zusammen, wie die zwei Seiten einer Medaille, wie die beiden Geschwister Maria und Marta. Sie stellen die zwei Seiten der einen christlichen Existenz dar.

Das Innerste tun

Alles Leben ist Spannungseinheit zwischen zwei Polen. Das ist eine Grunderfahrung: Hören und Handeln, Kontemplation und Aktion, oder, wie man in Taizé sagt: Kampf und Kontemplation. Der Weg nach innen und der Weg nach außen – beide sind lebensnotwendig. Wie sieht's da aus mit uns, mit der Kirche? Ein Aphorismus von Eugen Roth gibt zu denken:

Ein Mensch nimmt guten Glaubens an,
er hab' das Äußerste getan.
Doch leider Gott's vergisst er nun,
auch noch das Innerste zu tun.[1]

Was sind in unserer konkreten kirchlichen Situation mit dem Wandel der Pastoralstrukturen die Gefährdungen, »das Innerste zu tun«? Viele tun das Äußerste, sind wie Marta

1 Aus: Eugen Roth, »Mensch und Unmensch« © Carl Hanser Verlag, München, 4. Aufl. 1997.

überbeschäftigt. Bleibt ihnen noch Zeit und Kraft für das Innerste? Wenn nicht, dann geben sie schließlich Volldampf im Leerlauf.

Weg nach innen

Handeln – ja, allerdings! Aber nicht, ohne auf Jesu Wort zu hören. Das ist der Weg, das Innerste zu tun. »Nach innen geht der geheimnisvolle Weg. In uns oder nirgends ist die Ewigkeit mit ihren Welten, die Vergangenheit und Zukunft« (Novalis, »Blüthenstaub«). Dieser Weg nach innen ist nicht nur ein Gebetsweg, er ist ein Lebensweg, ein Weg der inneren Reifung. Wir stecken oft voller Pläne und Aktivitäten, die uns ganz in Beschlag nehmen. Wer aber die leise, unaufdringliche Stimme Jesu vernehmen will, muss das, was ihn sonst beschäftigt, beiseiteschieben, muss zur Ruhe kommen, um innerlich aufnahmebereit zu werden. Jesus spricht im Schweigen.

Das eine Notwendige

Wer gelernt hat, nach innen zu hören, der wird es gar nicht so selten erleben, dass in der Stille seine Gedanken und Gefühle sich klären, manchmal sogar ganz klare »Eingebungen« aufsteigen. Die tausend Alltäglichkeiten ordnen sich, wenn man jeweils das »eine Notwendige« tut. Man wird hellhörig und aufmerksam werden dafür, wie viele Umstände des Lebens Hinweise enthalten auf das »eine Notwendige«. Hören auf Gottes Wort: Darum ist der Sonntagsgottesdienst unverzichtbar. Er ist Anlass, dass wir wie Maria Jesus zu Füßen sitzen und ganz Ohr sind – auch der Prediger!

Lehre uns beten

17. SONNTAG IM JAHRESKREIS

Schrifttext: Lk 11,1–13

Not lehrt beten?

»Herr, lehre uns beten« (1), sagt einer der Jünger. Beten, wie geht das? Wie macht man das?, so fragt er Jesus. Heute fragen viele: Warum soll ich überhaupt beten? Was bringt das denn? »Not lehrt beten«, hieß es früher. Lehrt Not beten? Sie hat uns Planen gelehrt. »Kluger Mann sorgt vor«, und kluge Frau natürlich auch – für die Gesundheit, für das Alter und überhaupt für die Lebensrisiken. Wir nehmen unser Leben selbst in die Hand. Wozu da noch beten? Es lenkt doch nur davon ab, selbst etwas zu unternehmen.

Courage

»Mutter Courage und ihre Kinder« von Bertolt Brecht enthält folgende Szene aus dem Dreißigjährigen Krieg: Die kaiserlichen Truppen stehen kurz vor Halle und wollen die Stadt einnehmen. Eine Bäuerin sagt zu Kattrin, der stummen Tochter von Mutter Courage: »Bet, armes Tier, bet! Wir können nix machen gegen das Blutvergießen.« Während alle niederknien und beten, steigt Kattrin aufs Dach. Sie trommelt und trommelt, bis sie von Soldaten niedergeschossen wird. Aber die Stadt ist alarmiert und rüstet sich zur Verteidigung. – Die Botschaft, die von dieser Szene ausgeht, ist klar: Nicht die Bitte um jenseitige Hilfe wendet die Not, sondern die diesseitige Tat.

Dialog

Wir sind nicht die Techniker und Macher unseres Daseins. Das Leben ist voller Überraschungen. Es geht weit über das hinaus, was wir planen und ins Werk setzen. Wir leben nicht nur vom Markt und vom Geschäft. Wir leben von Vertrauen, von Hoffnung und Liebe, kurzum von dem, was nicht zu machen und zu kaufen ist. Das verändert uns – und die Welt. Wenn aber die Liebe Realität ist und Realitäten schafft, sollte dann der Dialog mit dem Ursprung der Liebe ohne Wirkung sein? Das kann doch nicht wahr sein! Christen glauben: Am Anfang von allem steht nicht etwa nur der Urknall oder irgendetwas, sondern Gott in Person. »Vater«[1], sagt Jesus (2). Der Dialog mit diesem Ursprung unseres Daseins ist die Achse, um die sich alles dreht. Das heißt Beten. Es ersetzt nicht das eigene Tun, aber ebensowenig ersetzt unser Tun das Beten.

Beziehungsgeschehen

»Du bist mein Atem, wenn ich zu dir bete«, heißt es in einem unserer neueren Kirchenlieder (»Gotteslob«, 422,3). Was der Atem für das Leben ist, das ist das Beten für den Glauben. Nichts ist uns innerlicher als der Atem. Er ist wie die Lebensenergie, die uns durchströmt. Deshalb hängt viel davon ab, gründlich durchzuatmen. Im Atmen sind wir ganz bei uns, und zugleich stehen wir im lebendigen Austausch mit unserer Umwelt und mit Gott, dem wir den Atem verdanken. Das Beten ist ein Beziehungsgeschehen. Ob Anbetung oder Bitte, ob Lob oder Klage – immer geht es um Ausdruck und Einübung einer lebendigen Beziehung. Wie jede Beziehung zwischen Menschen ihre Höhe- und Tiefpunkte hat, ihre Seligkeiten und ihre Entfremdungen, so ist es auch für die Begegnung mit Gott im Gebet.

1 Zum Vaterunser vgl. Franz Kamphaus, »Wenn der Glaube konkret wird. Die Bergpredigt«, Patmos Verlag, Ostfildern 2018, 113–125.

Gebetsschule

Dort, wo unser Atem zu flach ist oder zu kurz, wo wir Atembeschwerden haben oder gar in Atemnot geraten, bedarf es entsprechender Übungen. Das gilt nicht minder für das Beten: Was eigentlich selbstverständlich ist, kommt doch nicht von selbst. Beten will gelernt sein, wie eine Sprache, wie die Liebe. Und es will geübt sein in lebenslanger Weiterbildung. Ohne Übung wird keiner Meister. Ein Pfarrer erzählte mir, ein junger Mann habe ihn gefragt: »Wo lernt man hier eigentlich das Beten?« Er sei bei der Antwort ins Stottern geraten. – Sind unsere Gemeinden Lernorte des Betens? Führen all die katechetischen Bemühungen zur Erstkommunion und zur Firmung dazu, dass die Kinder und Jugendlichen beten lernen? Sollten in den Gemeinden nicht vorab Gebetstreffen eingerichtet werden, eine Art Gebetsschule?

Gebetsrhythmus

Viele beginnen den Tag in Hektik und fallen abends todmüde ins Bett. Wir brauchen dringend Ruhezonen, einen Lärmschutz für die Seele. Der Biorhythmus allein tut's nicht, auch der Gebetsrhythmus bedarf der Pflege, bedarf der Orte und Zeiten im Tagesablauf. »Herr, lehre uns beten«, sagt der Jünger. Er will rechtzeitig damit anfangen. Der Moment des Ertrinkens ist ungeeignet, das Schwimmen zu lernen. Ähnlich beim Beten. Also: Fangen wir damit an!

Du Narr

18. SONNTAG IM JAHRESKREIS

Schrifttext: Lk 12,15–21

Wie viel Erde braucht der Mensch?

»Wie viel Erde braucht der Mensch?«, so heißt eine der bekanntesten Erzählungen von Leo Tolstoi. Der Bauer Pachom ist todunglücklich, weil er zu wenig Land hat. Eines Tages führt ihn der Weg in das weite Land der Baschkiren. Sie schließen mit ihm einen Vertrag: So viel Land er an einem Tag umschreiten kann, so viel soll ihm gehören. Frühmorgens macht sich Pachom auf den Weg. Er gönnt sich keine Rast: Noch ein paar Stunden, dann habe ich genug für mein ganzes Leben; noch diese feuchte Niederung und jene saftige Weide dort. Er beschleunigt seine Schritte. Als der Tag sich neigt, beginnt er zu laufen, dass seine Brust wie ein Blasebalg geht. Gerade als die Sonne hinter dem Horizont verschwindet, erreicht er den Ausgangspunkt, taumelt und fällt längs auf den Boden. – ›Du bist ein tüchtiger Kerl‹, ruft der Älteste der Baschkiren, ›du hast dir viel Land erworben.‹ Als sie ihn aufheben wollen, sehen sie, dass er tot ist. Da schaufeln sie ihm ein Grab. Es ist genau so lang, wie er vom Kopf bis zu den Fersen misst. So viel Erde braucht der Mensch.

Habgier

Ob der Bauer Pachom oder der reiche Kornbauer aus dem Gleichnis, beide haben viele Namen. Ihr Denken und Handeln findet sich auch in anderen Berufen, bei Mann und Frau, bei Alt und Jung. Dahinter steht der verzweifelte Versuch, sein Leben durch das zu sichern, was man leistet oder besitzt. Man definiert das Sein durch das Haben: »Haste was, dann biste was.« Da kann sich sehr schnell das Ganze umdrehen: Man hat nicht mehr, sondern wird gehabt. Man besitzt nicht mehr, sondern ist besessen (von den Dingen). Das meint Jesus, wenn er sagt: »Hütet euch vor jeder Art von Habgier!« (15). Habgier ist eine Sucht. ›Der kann nie genug kriegen‹, sagen wir. Das trifft den Nagel auf den Kopf. Viele Reiche sind im Grunde Arme mit viel Geld. Sie kennen nur sich selbst. In dieser kurzen Erzählung sagt der reiche Kornbauer sechsmal »ich« und viermal »mein«. Das sagt alles.

Lebensversicherung?

Das Streben nach Sicherheit vor Gefahren gehört zum Menschen: Sicherheit vor Brand- und Wasserschäden, Sicherheit vor den Folgen von Unfall und Krankheit. Dafür gibt es eine Fülle von Versicherungen, bis hin zur Vollkasko-Versicherung. Allen gemeinsam ist die Absicherung vor unvorhersehbaren bösen Überraschungen. Man kann dann ruhiger schlafen, gelassener in die Zukunft sehen. Unter den zahlreichen Versicherungen gibt es die Lebensversicherung. Kann ich mein Leben versichern? Wogegen? Gegen den Tod? Der Begriff Lebensversicherung trügt, er weckt ein falsches Sicherheitsgefühl. Man kann sein Leben nicht absichern mit dem, was man besitzt, so viel es auch sei. Die Sicherungen können auf einmal durchschlagen.

Begrenzte Lebenszeit

Der reiche Kornbauer erlebt eine böse Überraschung. Das Blatt wendet sich. Er steht auf einmal ganz dumm da: »Du Narr!«, sagt Gott (20). Alles gut und schön, was du erworben hast, aber zu kurz gegriffen. Deine Uhr läuft ab. Noch heute Nacht fordere ich zurück, was du von mir bekamst (vgl. 20). Was bleibt dann vom Ertrag deines Lebens (außer großformatigen Nachrufen in den Zeitungen)? Worauf du dich verlassen hast – Erfolg, Besitz, Bankkonto –, das alles bietet keine letzte Sicherheit. Deine Lebenszeit ist begrenzt. Das hatte der reiche Kornbauer nicht einkalkuliert. Seine Rechnung geht nicht auf. Er hatte seine Scheunen geweitet, nicht sein Herz. Nun kommt ihm der Tod in die Quere. Die Ankündigung des Todes hier im Gleichnis ist eine Mahnung, das Denken und Handeln auf das auszurichten, was über den Tod hinaus Bestand hat. Da zählt eine andere Währung. Da geht es darum, bei Gott reich zu sein (vgl. 21).

Reich bei Gott

Was heißt das: reich sein bei Gott? Wie werde ich reich bei Gott? Da müsste die Konsequenz, die der Kornbauer aus seinem Reichtum zieht, anders aussehen, etwa so: ›Das will ich tun: Ich will meinen Reichtum mit anderen teilen. Ich will denen zu essen geben, die arm dran sind.‹ Das wäre ein guter Einfall gewesen. Das Teilen macht uns nicht ärmer, sondern reicher. In vielen Städten entsteht ein neues Wirtschaften: Share-Economy genannt, also eine Kultur des Teilens. Warum bestimmte materielle Dinge wie Kleider, Wohnung, Auto, etc. behalten, wenn ich sie nicht mehr oder kaum noch gebrauche? Warum nicht anderen geben? So kann's anfangen mit dem Handeln im Sinne Jesu. Nicht, was wir haben, macht uns bei Gott reich, sondern was wir geben. Es ist besser, mit den eigenen Händen zu geben, als sich das Vermögen vom Tod aus der Hand nehmen zu lassen. Nicht durch das Sammeln von Schätzen (vgl. 21), sondern durch das Teilen werden wir bei Gott reich.

Wanderer

19. SONNTAG IM JAHRESKREIS

Schrifttext: Hebr 11,1–2.8–16

Das wandernde Gottesvolk

Der Evangelist Lukas hat sowohl im Evangelium als auch besonders in der Apostelgeschichte das Wegmotiv hervorgehoben. Christen sind Menschen des Weges, Wanderer auf dieser Erde. Ähnlich sieht es der Hebräerbrief: »Das wandernde Gottesvolk«, so lautet der Titel eines bekannten Kommentars zu diesem Brief. Christen sind unterwegs:

- Wie Abraham (vgl. 8), der Vater der Glaubenden. Er bricht auf aus seiner Heimat, ohne an Rückkehr zu denken. Er wohnt mit seiner Familie in Zelten. Die kann man schnell abbrechen und weiterziehen.
- Denken Sie an Israel: die 40-jährige Wüstenwanderung.
- Und weiter: Jesus wird unterwegs in Betlehem geboren. Seine Eltern müssen mit ihm nach Ägypten fliehen. Er wirkt als Wanderprediger.
- Wallfahrten kennzeichnen unseren Glauben. Die Pilgerwege nach Santiago de Compostela durchziehen ganz Europa und machen deutlich: Christen sind Wanderer in dieser Welt. Das Unterwegssein ist nicht ein geistlicher Sport, sondern eine Lebenshaltung.

Eine Nummer zu klein

Heißt das, dass wir aus der Welt auswandern, uns ins Jenseits absetzen? Früher sang man: »Die Welt, die mag nun fahren mit ihrer Lust und Pracht. In ihr sind nur Gefahren, nichts, was uns selig macht ...«. Das ist unchristlich. Unser Credo beginnt mit dem Bekenntnis zu Gott, dem Schöpfer des Himmels und der Erde. Die Welt ist also nicht vom Teufel. Darum dürfen wir sie nicht zum Teufel gehen lassen. Unser Auftrag ist es, die Schöpfung zu bewahren. Aber wir dürfen sie auch nicht vergöttern, wie das im Pantheismus geschieht. Nichts in der Welt ist ewig, nichts in der Welt ist Gott. Die Welt ist eine Nummer zu klein, um die unendliche Sehnsucht des Menschen erfüllen zu können.

In Erwartung

Wir haben hier keine bleibende Stätte. Wir sind unterwegs. Wir wissen, sollten wissen, sagt Heinrich Böll, »dass wir hier auf der Erde nicht zu Hause sind, nicht ganz zu Hause sind. Dass wir noch woanders hingehören und woanders herkommen.« Christen verachten nicht das, was ist, aber sie sind darüber hinaus gespannt auf das, was kommt. Sie leben in Erwartung. Darum ruft das Evangelium zur Wachsamkeit auf (vgl. Lk 12,35–40).

Aufbruch

Christen als Wanderer in dieser Welt! Das ist uns in der gegenwärtigen Kirchensituation gesagt. Wir spüren: Die Kirche wird kleiner, ärmer, sie verliert an Einfluss. Die Krise der Kirche kann zur Erneuerung führen, wenn wir erkennen: So wie bisher geht es nicht weiter. Gott schenke uns die Einsicht, dass wir als Kirche unterwegs sind. Wir sind noch lange nicht am Ziel. Vielfach haben wir uns in dieser Welt so eingerichtet, als sei sie unsere eigentliche und letzte Heimat. Das Ende der Volkskirche wird zwar allenthalben angekündigt, aber nicht innerlich vollzogen. Nur wenn wir zu einer neuen Gestalt der Kirche aufbrechen, uns auf den Weg machen, können wir denen in unserer Gesellschaft Zeugnis geben, deren Glaube geschwunden ist und die nichts anderes mehr haben als die Welt. Können sie merken, dass wir unterwegs sind?

Der Feuerwerfer

20. SONNTAG IM JAHRESKREIS

Schrifttext: Lk 12,49

Das Streichholz

Das Zündholz oder Streichholz ist ein Wunderwerk menschlicher Erfindung. Seine Kuppe besteht aus einer ganz einfachen Mischung von Kaliumchlorat, Glaspulver und Bindemitteln. So bescheiden sich das Stäbchen ausnimmt, hat es die Menschen in ihrer Entwicklung einen großen Schritt nach vorn gebracht. Denn es hat ihnen eine wichtige Sicherheit geschenkt. Mit dem Streichen über die Reibfläche können sie Feuer entzünden, im Kamin oder an der Kerze. Frühere Generationen lebten in der Sorge, das Feuer könne ihnen ausgehen. Sie mussten Tag und Nacht das Feuer hüten. Das ist vorbei, seit es das Streichholz gibt.

Faszinationskraft

Das Feuer ist eins der vier Elemente. Es ist von alters her mit dem Himmel verbunden. Ein Göttergeschenk! In der griechischen Mythologie stiehlt Prometheus es den Göttern. Das Feuer ist voll religiöser Faszinationskraft. Wir erinnern uns an Mose, den Befreier Israels aus der Knechtschaft Ägyptens. Als er es mit Gott zu tun bekommt, sieht er einen Dornbusch brennen und doch nicht verbrennen. Wie ein Feuerofen ist Gott, wie ein Feuerball, ganz feurig. Von solcher Gottes-Energie angesteckt, geht Mose ans Werk, sein Volk zu befreien.

Der Feuerwerfer Jesus

Jesus versteht sich wie ein Feuerwerfer: »Ich bin gekommen, um Feuer auf die Erde zu werfen. Wie froh wäre ich, es würde schon brennen!« (49). Als wolle er mit dem Evangelium einen Weltenbrand entfachen. Von ihm wird (außerbiblisch) das Wort überliefert: »Wer mir nahe ist, ist dem Feuer nahe.« Eine Leidenschaft für Gott und die Menschen brennt in ihm, heißer Atem angesichts von Unrecht und Not, eine brennende Sorge für Rechtlose und Erniedrigte. – Die Feuerzungen, von denen die Pfingstlesung spricht und die auf den Pfingstbildern über den Köpfen Marias und der Apostel aufleuchten, sind Flammen vom Feuer Jesu. Mit Pfingsten setzt ein Feuersturm ein. Der Funke springt über und lässt die Kirche entstehen aus allen Völkern und Nationen.

Anfeuern

Es kommt nicht von ungefähr, dass das Christentum auch nach 2000 Jahren in der ganzen Welt Menschen erreicht und ansteckt. Das hat mit diesem inneren Feuer zu tun, mit dem Geist Jesu. Nicht blindwütiges Feuer ist gemeint, das verbrannte Erde hinterlässt, sondern jene Leidenschaft für Gott und die Menschen, die das Angesicht der Erde erneuert.

Wo dieses Feuer brennt,

- da lässt man sich nicht hängen und lamentiert über die schlechten Zeiten, sondern brennt darauf, etwas zu verändern, möglichst zuerst bei sich selbst;
- da werden Energien freigesetzt für Gerechtigkeit, Frieden und die Bewahrung der Schöpfung;
- da lässt man sich im Sinne Jesu anfeuern und anstiften für mehr Freiheit, Gleichheit und Geschwisterlichkeit, auch und gerade in der Kirche.

Geht nicht von solchem Feuer eine Kraft aus, die das Leben wahr und spannend macht?

»Löscht den Geist nicht aus ...«

»Löscht den Geist nicht aus«, mahnt der Apostel (1 Thess 5,19). Wir hüten ihn oft wie ein abgedecktes Feuer, damit ja kein Funke überspringt. Der Enthusiasmus unserer Herzen ist eingeschläfert unter allzu viel Ängstlichkeit und Routine. Darum zündet unsere Botschaft kaum noch. Die Spannung fehlt wie bei einer Batterie, die kaum noch etwas hergibt. Wo Christen kein Feuer mehr in sich spüren, wird alles müde und grau, langweilig und einfallslos. »Komm, Heiliger Geist, entzünde in uns das Feuer deiner Liebe.« Lass in Flammen aufgehen, was leeres Stroh geworden ist, verholzt, die Berge von Papier, die die Kirche bedecken ... Entfache in uns das Feuer der Liebe zu Gott und den Nächsten.

Vielleicht könnte die Kirche / Gemeinde wie ein Zündholz sein, mit dem Gott über die Reibflächen der Zeit streicht, um selbst immer neu das Feuer seines Geistes zu entfachen. Ganz ungefährlich ist das nicht. Man kann sich dabei die Finger verbrennen oder gar die Zunge.

Draußen vor der Tür

21. SONNTAG IM JAHRESKREIS

Schrifttext: Lk 13,22–30

Harmlos

Es gibt vergessene Wahrheiten. Das Evangelium heute erinnert uns an das Gericht. Das ist eine vergessene Wahrheit. Wenn Sie zurückdenken – wann haben Sie in den letzten Jahrzehnten eine Predigt zum Thema Gericht gehört? Vielleicht erinnern sich die Älteren an Missionspredigten früherer Zeiten. Da wurde einem die Hölle heiß gemacht. Das ist lange vorbei, und das ist gut so! Ist damit die Sache, um die es geht, erledigt? – Wir wissen: Gott ist die Liebe. Manch einer denkt: Was kann mir da schon passieren? Ich komme mit Gott schon klar. Ob das so einfach ist? Das Verschweigen des Gerichts macht unsere Botschaft nicht menschenfreundlicher, sondern harmlos, bedeutungslos. Dann ist schließlich alles egal. Mit dem Gericht wird der Mensch in seiner Entscheidungsfreiheit ernst genommen. Es erinnert uns daran, dass nicht alles, was wir ausrichten und anrichten, vor Gott bestehen kann. Das bringt einen letzten Ernst in unsere Lebensverantwortung. Nicht nur die Liebe, auch die Gerechtigkeit ist stärker als der Tod.

Es wird eng

Sie kennen die Darstellung des Weltgerichts (vgl. Mt 25,31–46). Stellen Sie sich einmal vor, Jesus habe gesagt: ›Da war ein Mann, der war hungrig, und ihr habt ihm zu essen gegeben. Das war ganz nett, aber ihr hättet es auch bleiben lassen können. – Und da war jemand, der hungerte, und ihr habt ihm nichts zu essen gegeben. Nun ja, das ist auch nicht so schlimm, er ist eben verhungert. Was soll's? Kommt her und lasst euch alle umarmen. Was immer ihr getan habt, es ist nicht so wichtig. Schwamm drüber!‹ – Das ist nicht die Sprache des Evangeliums. Da sagt Jesus: Am Schluss wird's eng (vgl. Lk 13,24). Die Tür fällt ins Schloss, und viele stehen draußen vor der Tür und hören: »Weg von mir, ihr habt alle Unrecht getan!« (27).

Jetzt ist die Zeit ...

Hier wie sonst im Evangelium steht der Hinweis auf das Gericht ganz im Dienst der Mahnung für die Gegenwart. Wie wir uns heute entscheiden, was wir heute tun oder lassen, das hat Gewicht. Es ist nicht gleichgültig, ob wir geschwiegen oder den Mund aufgetan haben, wenn es etwa um die Aufnahme von Geflüchteten geht oder um die Unterstützung der Armen in unserer Gesellschaft. Wiegt euch nicht in Sicherheit, sagt Jesus. Die Sache Gottes ist nicht so nebenher zu erledigen: »Bemüht euch mit allen Kräften, durch die enge Tür zu gelangen ...« (24). Um den Einlass muss gerungen werden. Da hilft es wenig, die scheinbar guten Beziehungen ins Feld zu führen: »Wir haben doch in deinem Beisein gegessen und getrunken ...« (26).

Zu spät

Es gibt ein *Zu spät*. Zu spät zu kommen ist eine bittere Erfahrung. Die Türen schließen sich und der Zug fährt ab, ohne uns. Und schließlich kommt der Augenblick, dass alle Züge abgefahren sind. Die eigentliche Dramatik des Gerichts liegt vor unserem Tod, im gegenwärtigen Leben. Wir tragen Verantwortung nicht nur für dies oder jenes, sondern für unser Leben und für das Leben anderer. Lebensverantwortung bedeutet: Wir sind beteiligt an unserer Zukunft. Das reißt uns aus den Sesseln. Ohne Kampf gegen die eigene Bequemlichkeit wird es nicht gehen. Es ist gefährlich zu denken, das Heil sei eine Selbstverständlichkeit.

Den Fuß in der Tür

Ist das Gericht nur so denkbar, dass den Übeltätern heimgezahlt wird? Gott hat eine Alternative geschaffen. Einer hat den Fuß in die Tür gestellt, damit sie nicht zufällt: Jesus Christus. Ihm ist nichts erspart geblieben. Das Kreuz ist der Grund, weshalb wir gerechtfertigt sind. Im Kreuz erweist sich Gottes Gerechtigkeit als Liebe. – Die Vollendung der Liebe bedeutet nicht, dass die Machtverhältnisse umgedreht werden. Die alten Herren werden nicht durch neue ersetzt. Vielmehr hat das in seinen Auswirkungen verheerende Wechselspiel der Macht ein Ende. Gott arbeitet an dem, was zwischen Menschen und zwischen Mensch und Gott steht an Unrecht, Hass und Tod. Und er lädt uns ein, daran mitzuarbeiten. Denen, die nicht Unrecht tun (vgl. 27), sondern die in der Nachfolge Jesu für Recht und Gerechtigkeit eintreten, steht der Weg durch die enge Pforte offen.

Platzanweisung

22. SONNTAG IM JAHRESKREIS
Schrifttext: Lk 14,1.7–14

Unter Beobachtung

Man muss schon eine gehörige Portion Selbstbewusstsein mitbringen wie Bismarck. Als es um die Sitzordnung bei Tisch ging, sagte er: »Wo ich sitze, ist oben.« Wie verhält Jesus sich? Er ist zu einem führenden Pharisäer zum Essen eingeladen. Wird er sich wie die anderen Gäste einen Ehrenplatz aussuchen? Er steht unter Beobachtung: »Da beobachtete man ihn genau« (1), heißt es. Jesus beteiligt sich nicht an dem Gerangel um die besten Plätze. Er denkt völlig anders und macht das zunächst in einem Gleichnis klar.

Die besten Plätze

Es steckt eine Menge Erfahrung und Lebensweisheit in diesem Wort von den ersten und letzten Plätzen. Jede und jeder von uns könnte Beispiele nennen. Ist das, was Jesus uns hier sagen will, nur eine Anstandsregel? Es sitzt viel mehr dahinter; etwa dies, dass leider auch in der Kirche nur allzu oft ein Gedränge um die ersten Plätze zu beobachten ist. Nicht nur die Jünger machen sich Gedanken über die Spitzenplätze rechts und links neben Jesus (vgl. Lk 9,46–48; Mk 10,35–45). Das ist bis heute nicht anders. Viele meinen immer noch, sie hätten ein Anrecht auf die ersten Plätze im Reich Gottes. ›Der Stammplatz ist mir sicher, den macht mir niemand streitig.‹ Doch! Gott selbst: »Mach diesem hier Platz!« (Lk 14,9). Niemand kann vor Gott mit Ansprüchen auftrumpfen, Positionen behaupten und sich die besten Plätze sichern wollen. Wer hoch hinaus will, wird bald aus allen Wolken fallen. Wer zu wissen meint, wo sein Platz am Tisch Gottes ist, kann arge Enttäuschungen erleben. Da kann man keine Plätze reservieren. Niemand kann und niemand braucht sich den Platz zu sichern, den Gott allein schenken kann: »Mein Freund, rück weiter hinauf!« (10). Setz dich nach oben.

Der letzte Platz

Man kann dieses Gleichnis nur dann richtig verstehen, wenn man auf Jesus schaut. Er ist die Auslegung dieses Evangeliums. Was nach allgemeiner Weisheitsregel klingt, ist auf dem Hintergrund der Weisheit Gottes zu sehen, die sich in Jesus Christus offenbart hat. Wer wissen will, wie tief das Wort vom ersten und letzten Platz reicht, schaue in Jesu Leben und betrachte die Fußwaschung (Joh 13,1–20). Er hat sich selbst erniedrigt »bis zum Tod, bis zum Tod am Kreuz. Darum hat ihn Gott über alle erhöht …« (Phil 2,8 f). Seither ruht Gottes Blick auf dem letzten Platz. Er ist der Platz Jesu und derer, die ihm folgen. Das Gleichnis hier ist eine Platzanweisung für uns.

Absichtslos

»Wenn du ein Essen gibst, dann lade Arme, Krüppel, Lahme und Blinde ein« (Lk 14,13). Da geht's nicht nur um eine bestimmte Konvention, das geht gegen alle Konventionen. Die Reichen bleiben nicht länger unter sich. Sie kommen heraus aus dem Teufelskreis des ›Wie du mir, so ich dir‹.

Gott als Gastgeber behandelt seine Gäste nicht mehr nach dem Nutzen, den er von ihnen hat. Er handelt absichtslos. Die Armen bringen ihm ja nichts (vgl. 14), nicht einmal die innere Genugtuung eines Almosens. Sie sind nicht Almosenempfänger, sondern seine Gäste beim Mahl, wie Freunde, Verwandte, Nachbarn.

Die Würde der Armen

Es geht hier nicht nur um die Schärfung des sozialen Gewissens, sondern um die Würde der Armen. Sie sitzen mit am Tisch. So hat Jesus es gemacht: Er hat sich mit den Armen und Krüppeln, mit den Blinden und Lahmen an einen Tisch gesetzt, mit ihnen Mahl gehalten und gerade dadurch ihr Ansehen und ihre Würde anerkannt. Wer ihm nachfolgen will, muss so handeln wie er. »Du wirst selig sein …« (14). Dem ist das Heil verheißen, der im Armen den Bruder / die Schwester sieht und ihre Würde achtet. Er darf »im Reich Gottes am Mahl teilnehmen« (15).

Frei für Gott

23. SONNTAG IM JAHRESKREIS

Schrifttext: Lk 14,25–33

Eine harte Nuss

Das Evangelium ist sperrig, anstößig. Gleichwohl, oft steckt hinter dem Sperrigen eine wichtige Botschaft, die man nicht überhören darf. Versuchen wir darum, die harte Nuss zu knacken und dem Inhalt auf die Spur zu kommen, genauer gesagt: Jesus auf die Spur zu kommen. Er steckt ja dahinter. Es ist sein Wort. Jesus geht es vor allem um Gott. Ihn hat er in Wort und Leben den Menschen nahegebracht. Seinen

Willen hat er gegenüber allen menschlichen Autoritäten unnachgiebig geltend gemacht. Gott und seine Herrschaft zuerst! Wenn jemand sich ganz auf Gott einlässt und ihm sein Leben überlässt, kann er getrost viele Dinge lassen. Er wird frei wie kaum ein anderer. Er muss keine Angst mehr um sich selbst haben, er hat den Rücken frei. Für ihn wird wichtig, was andere als unwichtig ansehen, und es wird unwichtig, von dem andere meinen: Ohne das geht's nicht, ohne das kann ich nicht leben.

Relativierung der Familienbande

Das Evangelium spricht von Ehe und Familie. Die Ehe ist gut. Wir alle verdanken uns unseren Eltern, ohne sie wären wir nicht. Wir müssen alles daransetzen, Ehe und Familie hoch zu achten gegenüber den Auflösungstendenzen heute. Jesus hat die Familienbande relativiert und alle diejenigen zu seinen Schwestern und Brüdern erklärt, die den Willen Gottes tun (vgl. 8,19–21). So wichtig die Ehe ist – *alles* ist sie nicht. Es gibt Menschen, die sagen: Nichts gegen die Ehe! Aber sie ist nicht das einzig Wahre. Ich lass die Ehe um Gottes willen, Gott ist mein Ein und Alles (so Niklaus von Flüe).

Der Besitz

Jesus sagt knallhart: »Ebenso kann keiner von euch mein Jünger sein, wenn er nicht auf seinen ganzen Besitz verzichtet« (14,33). Das Wort bleibt uns im Halse stecken, uns, die wir oft den Hals nicht vollkriegen können. Wie soll man dieses Jesus-Wort verstehen? Besitz ist gut. Man kann nicht von der Hand in den Mund leben. Besitzlos – das gibt's doch gar nicht! Doch, das gibt's: Menschen, die für sich persönlich nichts besitzen. Sie sagen: Nichts gegen den Besitz; aber das soll alles ein? Das kann doch nicht alles sein.

In allem ist etwas zu wenig. Gott ist mein Ein und Alles. Und nun lass ich den Besitz um Gottes willen.

Die Lebensart Jesu

Arm und ehelos leben – für uns ist das mit den Ordensgemeinschaften verbunden. Immer weniger junge Menschen entscheiden sich für diesen Weg. Das ist kein gutes Zeichen, das spricht eher für eine mangelnde Vitalität des Glaubens. Da geht es nicht um eine Randfrage; es geht vielmehr darum, dass die Lebensart Jesu unter uns erfahrbar und lebendig bleibt. Weshalb haben wir so wenig Faszinationskraft, gerade gegenüber jungen Menschen? Sie sehen bei uns zu viel Apparat und zu wenig Evangelium. Der Betrieb läuft – aber ohne Ausstrahlung! Vielleicht sind wir im kirchlichen Leben unseres Landes selbst schon zu fest und unbeweglich in die Systeme und Interessen unserer Gesellschaft eingebunden. Wir machen mit und laufen so Gefahr, dass die Kreuzesreligion zur Wohlstandsreligion entartet. Wenn wir ihr erliegen, dienen wir schließlich keinem, nicht Gott und nicht den Menschen.

Der Preis der Nachfolge

Die Nachfolge Jesu hat ihren Preis. Wer nicht ganze Sachen macht, ist wie einer, der einen Turm bauen will, und mit dem Fundament geht ihm das Geld aus; wie ein König, der erst mit markigen Sprüchen auftrumpft und dann feststellt, dass er zu wenig Leute hat. Jesus sagt: Leute, ihr wisst nicht, wohin mein Weg führt. Wollt ihr mir wirklich folgen? Wenn ihr euch mit mir auf den Weg machen wollt, dann lasst alles, was euch hier in der Welt daran hindert, frei zu sein für Gott.

Verloren – gefunden

24. SONNTAG IM JAHRESKREIS

Schrifttext: Lk 15,1–10

Unverhältnismäßig

1 : 99 – was für ein Verhältnis! Denken Sie nicht auch: Das sprengt jeden Rahmen; das ist ganz unverhältnismäßig? Schauen wir zu: Eine Herde, die durch die gebirgige, karge Steppe Palästinas zieht, ist von tausend Gefahren umgeben. Welcher Hirt darf da 99 Schafe alleinlassen, nur um einem hinterherzulaufen?! Müsste es also im Gleichnis nicht genau umgekehrt heißen: Wer von euch, der 100 Schafe hat und eins von ihnen verliert, würde die 99 in der Wüste lassen, um das eine verlorene zu suchen? – Jesus denkt anders: Die 99 kommen schon klar, aber das eine, das vom Weg abgekommen ist, dieses eine schwarze Schaf, das will ich heimholen.

Wie kann der nur!

Jesus will die Welt von ihrem schwächsten Punkt her retten, von den letzten Menschen her. Darum denkt und handelt er anders als gewöhnlich: Das Verlorene darf nicht verlorengehen. Er wartet nicht, bis die Sünder und Sünderinnen zu ihm kommen, er geht auf sie zu. Etwa auf die Zöllner: Jeder, der in Israel etwas auf sich hält, macht einen weiten Bogen um sie. Und Jesus setzt sich mit ihnen an einen Tisch. Die Pharisäer und Schriftgelehrten sind empört: Wie kann der nur! Weiß er denn nicht, auf wen er sich da einlässt? Der ist völlig naiv. – Jesus kontert mit diesem Gleichnis: 1 : 99! Er vergisst das Rechnen, wenn Verlorene auf dem Spiel stehen.

Grund zum Feiern

Warum – hält Jesus seinen Widersachern vor – warum freut ihr euch nicht darüber, dass die Verlorenen gefunden sind? Wenn einer, der vom rechten Weg abgekommen ist, umkehrt, dann muss gefeiert werden. Da kann man doch nicht in der Ecke sitzen und schmollen. Jesus will andere mit seiner Freude anstecken: »Freut euch mit mir, denn ich habe mein Schaf wiedergefunden, das verloren war« (6). Dem Verlorenen wird nicht nur ein Türspalt geöffnet – der ganze Himmel bricht in Jubel über ihn aus: »Ebenso wird im Himmel mehr Freude herrschen über einen einzigen Sünder, der umkehrt, als über 99 Gerechte, die keine Umkehr nötig haben« (7).

Menschen am Rande

Kann man bei uns noch etwas von dieser Freude spüren? Die Verantwortung für die vielen lässt in den Großraumpfarreien kaum noch Spielraum für Einzelne. Aus Angst davor, dass uns immer mehr Mitglieder weglaufen, überlassen wir die Einzelnen sich selbst: die schwarzen Schafe, die unbequemen Zeitgenossen, alle, die den kirchlichen Normen nicht entsprechen (z. B. wiederverheiratete Geschiedene). Wer das große Ganze im Auge hat, heißt es, darf sich nicht im Detail verlieren. Was für Jesus selbstverständlich war, ist für uns die Ausnahme. Wie können wir lernen, Jesus besser zu verstehen? Er war ganz dicht bei den Menschen am Rande, er war selbst einer von ihnen. Man versteht ihn nur, wenn man ihm folgt.

Hoffnung für Judas

Vézelay ist eine Stadt in Burgund im Herzen Frankreichs. Dort steht eine der schönsten Kathedralen. Im Innern der Kirche tragen die schlanken Säulen ausdrucksstarke Kapitelle. Eins von ihnen erzählt, wie Judas in seiner Verzweiflung den Strick nimmt und sich erhängt. Der Steinmetz damals, vor gut 900 Jahren, kannte sich noch in der Bibel aus: »Wenn einer von euch hundert Schafe hat und eins davon verliert, lässt er dann nicht die 99 in der Wüste zurück und geht dem verlorenen nach, bis er es findet? Und wenn er es gefunden hat, nimmt er es voll Freude auf die Schultern ...« (4 f). Der Steinmetz nimmt Jesus beim Wort. Er wagt es, ihn darzustellen als den guten Hirten, der Judas vom Strick befreit und ihn auf seinen Schultern heimträgt. Hoffnung auch für Judas! Der Verlorene darf nicht verlorengehen.

Besessen?

25. SONNTAG IM JAHRESKREIS

Schrifttext: Lk 16,1–13

Diener zweier Herren?

Der italienische Schriftsteller Carlo Goldoni (18. Jahrhundert) hat eine Komödie geschrieben, die ihn bekannt gemacht hat. Der Titel: »Der Diener zweier Herren«. Vor Jahren habe ich dieses Stück in einer glänzenden Aufführung im Theater gesehen. Die Hauptfigur, der Diener zweier Herren, verwickelt sich in immer neue Unstimmigkeiten und Widersprüche. Nur mit Lügen kann er sich herausreden. Ein Stück voll tiefsinnigen Humors. Man kommt aus dem Lachen nicht heraus. Jesus sagt: Niemand kann zwei Herren dienen (vgl. 13). Er kommt in des Teufels Küche. Er verfängt sich in Lug und Betrug.

Keine Allerweltsweisheit

Mancher wird einwenden: Viele haben heute mehrere Beschäftigungsverhältnisse, mehrere Dienstherren, bei denen sie jeweils teilzeitbeschäftigt sind. Das soll nicht bestritten werden. Jesus geht es um die Grundeinstellung zum Leben: Worauf vertraust du im Leben und im Sterben? Was gibt deinem Leben Halt? In diesen letzten Fragen gibt es, so Jesus, kein Sowohl-als-auch, da heißt es: entweder – oder! Halbherziges Lavieren führt zu nichts. Der Evangelist Matthäus hat in diesem Zusammenhang das Wort vom Schatz eingeführt: »Wo dein Schatz ist, da ist auch dein Herz!« (6,21). Woran hängt dein Herz? Ist es frei für Gott? Man kann nicht gleichzeitig auf verschiedenen Hochzeiten tanzen. Der Dienst ist nicht zu teilen: Gottesdienst oder Mammonsdienst! Gottes Herrschaft, oder: Geld regiert die Welt! Wer dem Mammon verfallen ist, ist nicht frei für Gott. Der Dienst gegenüber Gott ist unteilbar; Jahwe ist ein Gott, der keine anderen Götter neben sich duldet (vgl. Dtn 6,4; Ex 20,3). Wer sein Herz nicht bei Gott und dem Gottesdienst hat, hängt es nur allzu oft an das Geld.

Wie Hamster

Die Angst um unser Leben sitzt tief in uns drin, treibt uns dazu, uns abzusichern: Wenn du so viel Besitz anhäufst wie ein Hamster für den Winter, dann kann dir im Leben nichts passieren. Du musst nur genügend große Vorräte anlegen, dann bist du gerettet. Geld ist einerseits gut, es kann Freiheit schenken. Aber andererseits ist es auch schlecht, wie Salzwasser: Je mehr man davon trinkt, desto durstiger wird man. Geld ist ein wichtiges Lebensmittel. Es will das aber nicht bleiben, es kann uns vielmehr ganz in Beschlag nehmen. Was wir besitzen, kann uns besetzen und schließlich besessen machen.

Arm dran

Geld ist keine nur ökonomische Größe. Es kann zu einer Macht werden, die die Seele beherrscht. Die Entfremdung des modernen Menschen hat einen wesentlichen Grund in dieser Macht. Geld ist den Menschen zu einem Gott geworden. Wer nur um des Geldes willen lebt, ist arm dran, selbst wenn er gewaltige Summen anhäuft. Reich ist nur, wer einen Schatz besitzt, der unbezahlbar ist. Als wahrhaft souverän erweisen sich Besitzende darin, dass sie die Not der anderen wahrnehmen und sich dafür einsetzen, sie zu lindern. Die Armut vieler Reicher besteht darin, dass sie das nicht können. Wo Gott herrscht, da gerät der Besitz in Bewegung zu den Armen hin.

Mein Schatz

Wir können erleben und erfahren, dass die schönsten und wichtigsten Erlebnisse, die uns halten und Boden unter die Füße geben, weniger mit Geld als vielmehr mit Beziehungen zu tun haben, mit Freundschaft und Begegnung. Das sind wirkliche Schätze, so wie wir oft zu einem Menschen sagen: Du bist mein Schatz! Die wahren Schätze sind Beziehungsschätze. Man kann sie nicht wie Geld und Gut für sich allein haben, sondern nur mit anderen zusammen, also in Beziehungen, letztlich in der Beziehung zu Gott. Der Glaube kann verhindern, dass aus dem an sich hilfreichen Geld ein Götze wird. Das läuft auf eine Entscheidung hinaus: »Ihr könnt nicht Gott dienen und dem Mammon« (Lk 16,13). Ein Drittes gibt es nicht. Die Hingabe des Herzens ist in letzter Konsequenz nicht teilbar. »Woran dein Herz hängt, das ist eigentlich dein Gott« (Martin Luther).

Ruf zur Umkehr

26. SONNTAG IM JAHRESKREIS

Schrifttext: Lk 16,19–31

Vertröstung?

Ein Abgrund tut sich auf zwischen Arm und Reich, zwischen Himmel und Hölle, zwischen Lazarus und dem reichen Mann. Die Kluft scheint unüberwindbar, nicht nur hier im Gleichnis, sondern auch in unserem reichen Land und in unserer reichen Kirche. Sie schreit zum Himmel. Was sagt der Himmel? Wie können wir Rede und Antwort stehen in dieser Frage? Immer wieder ist dem Christentum (gerade von der Religionskritik: Feuerbach, Marx) vorgeworfen worden, es vertröste mit dem Ausgleich im Jenseits: Jetzt ist es halt, wie es ist, aber das Blatt wird sich einst wenden. Ist das alles, was wir als Christen zu sagen haben? Vertagen wir die ausgleichende Gerechtigkeit auf den Himmel? Das ist eine allzu bequeme Lösung. Sie könnte uns so passen. Dann wären wir hier aus dem Schneider und bräuchten nicht unseren eigenen Lebensstil zu hinterfragen. Nein, Jesus denkt ganz anders.

Mehr als ein Lazarett

Die Beispielerzählung sagt ausdrücklich, dass wir zum Handeln keine neuen Botschaften aus dem Jenseits brauchen. Durch Mose und die Propheten ist klar, was zu tun und was zu lassen ist (vgl. 29–31). Und vor allem: Jesus selbst sagt und zeigt es uns. Er hat die Armen nicht aufs Jenseits vertröstet. Er hat sich mit ihnen nicht nur solidarisiert, er war selbst einer von ihnen. Er hat sie aus ihrem geschundenen Leben herausgeholt. Er hat sich mit Zöllnern und Sündern an einen Tisch gesetzt; heute heißt das: mit Wohnsitzlosen,

Hartz-IV-Empfängern, mit denen von der Tafel. Die Achtung, die er ihnen geschenkt hat, ist nichts anders, als was Lazarus in Abrahams Schoß erlebt. Lazarus braucht mehr als ein Lazarett. Er braucht Anerkennung, Achtung seiner Würde. Der Arme hat einen Namen und wird namentlich gewürdigt: Lazarus (= Gott, hilf!, Gotthelf). Der Reiche ist nur reich, namenlos.

Freunde unter den Armen?

Der Reiche hat dem Armen eigentlich gar nichts getan. Er ist einfach nur blind für ihn und seine elende Situation. Er bemerkt ihn gar nicht. Lazarus sieht den Reichen, aber umgekehrt sieht der Reiche Lazarus nicht. Die Hunde kommen, der Reiche kommt nicht! So ist das mit den Reichen, sie bewegen sich in ihren gehobenen Kreisen. Arme Leute kennen sie gar nicht. Zwar kommen sie viel herum in der Welt, aber in Flughäfen und Hotels stoßen sie überall nur auf ihresgleichen. Zu Hause in ihrem Villenviertel gibt es keine Obdachlosen, keine Geflüchteten, keine Straßenkinder. Das ist nicht ihre Welt. Da stoßen zwei Welten aufeinander. Das Gleichnis drängt uns, hinzuschauen und den Armen als Mensch wahrzunehmen. Lazarus lebt heute hinter manchem Fenster, an dem wir vorübergehen, vor der eigenen Haustür und in Afrika und Lateinamerika. Haben wir Freunde unter den Armen?

Vor dem Spiegel

In einer jüdischen Anekdote wird der Rabbi gefragt: »Warum ist es so, dass ein Armer eher freundlich ist und hilft als ein Reicher? Der sieht einen nicht einmal. Was ist das nur mit dem Geld?« Da antwortet der Rabbi: »Tritt ans Fenster! Was siehst du?« »Nun, ich sehe eine Frau mit einem Kind an der Hand. Ich sehe einen Wagen, er fährt zum Markt. Ich sehe viele Leute unterwegs.« – Der Rabbi nimmt ihn mit vor einen Spiegel. »Was siehst du jetzt?« Er antwortet: »Jetzt sehe ich mich.« Darauf der Rabbi: »Siehst du, das Fenster ist aus Glas wie der Spiegel. Aber kaum legt man ein bisschen Silber unter, schon siehst du nur noch dich selbst.«

Zu spät

Die Mahnung des Gleichnisses ist eindringlich: Noch ist das Ende offen. Für uns ist es noch nicht zu spät. Aber wir sind in der Gefahr, die der Reiche zu spät erkannt hat. Wenn wir einfach so weitermachen wie jetzt, ist die Katastrophe abzusehen. Wir laufen Gefahr, den Ruf Jesu zu Buße und Umkehr immer neu beiseitezuschieben: Erst mal sehen, so schlimm wird es schon nicht kommen! Wer hier nicht hört, dem ist nicht mehr zu helfen. Das Handeln im Sinne Jesu lässt sich nicht auf später verschieben. Es gibt ein *Zu spät*. Was kann für mich ein erster Schritt zur Umkehr sein?

Stärke unseren Glauben

27. SONNTAG IM JAHRESKREIS

Schrifttext: Lk 17,5 f

Glauben und Zweifeln

»Stärke unseren Glauben ...«, bitten die Apostel (5). Das ist wohl den meisten von uns aus der Seele gesprochen. Unerschütterliche Glaubensstärke ist kaum noch anzutreffen in unseren glaubensschwachen Zeiten. »Glauben und Zweifeln«, so lautet der Titel einer regelmäßigen Seite im Feuilleton der Wochenzeitung »Die Zeit«. Die elementare Gottesgewissheit früherer Generationen ist bei vielen ins Wanken geraten. Die Skepsis ist oft größer als unser Vertrauen, und

Zweifel nagt an unserem Glauben. Die Angst kann alle Lichter vor uns auslöschen.

Keine Glaubenshelden

Nein, Glaubenshelden sind die allermeisten von uns nicht. Wer wird schon behaupten, dass er mit seinem Glauben Bäume ausreißt, schon gar nicht den hier genannten Maulbeerbaum mit seinen tiefen Wurzeln (vgl. 6)? Wer hat schon einen Glauben, der Unglaubliches schafft, einen Glauben, der Unmögliches möglich macht? Da ist es tröstlich, dass Jesus sagt: »Wenn ihr Glauben hättet wie ein Senfkorn …« »Kleines Senfkorn Hoffnung …«, heißt es in einem neuen geistlichen Lied – kleines Senfkorn Glaube, uns umsonst geschenkt …

Ich glaube an mich?

Es gibt eine ganz andere Art des Glaubens. Vor Jahren war ich einige Wochen in China. Eine sympathische junge Frau dolmetschte. Eines Tages fragte ich sie: ›Woran glauben Sie eigentlich?‹ Darauf antwortete sie ohne Zögern: ›Ich glaube an mich selbst!‹ Die Antwort ist mir nachgegangen. Sie ist heute längst nicht mehr nur in China zu hören. Das ist laut Umfragen eine verbreitete Meinung hier, etwa unter Studentinnen und Studenten: ›Ich glaube an mich. In mir wirken die Naturkräfte des Alls.‹ Nun ist ein gesundes Selbstvertrauen gerade im Prozess der Reifung von großer Bedeutung. Aber wenn das ›Ich glaube an mich‹ zur Lebensdevise wird, dann hat das Folgen! Der Glaube braucht ein Gegenüber wie die Liebe.

Verdankte Existenz

Glaube ist Vertrauenssache. Ich glaube an Gott, das heißt: Ich verdanke mich nicht mir selbst. Ich empfange mich. Ich bin wie eine offene Schale, die sich darbietet und von einem anderen, dem ganz Anderen, gefüllt wird. Oder ein Bild aus der Mechanik: Ein Stecker kommt in die Steckdose; dadurch wird das Gerät an den Stromkreis angeschlossen und hat teil an seiner Energie. So schließt der Glaube den Menschen an das Kraftfeld Gottes an. Es geht um die Gewissheit, dass Gott es gut mit mir meint, dass ich trotz allem Gutes von ihm erwarte. Man muss nicht abwarten, bis der Glaube groß und stark genug geworden ist, um aus dem Glauben heraus zu leben, zu beten oder Kinder zu erziehen. Dietrich Bonhoeffer sagt: »Ich glaube, dass Gott uns in jeder Notlage so viel Widerstandskraft geben will, wie wir brauchen. Aber er gibt sie nicht im voraus, damit wir uns nicht auf uns selbst, sondern allein auf ihn verlassen« (aus »Widerstand und Ergebung«).

Um Gott betrügen?

»Stärke unseren Glauben …«, bitten die Apostel. Das ist ein Gebet. Die Apostel bitten Jesus um diese Stärkung. Der Glaube ist nicht unser Werk, nicht unsere Leistung. Er ist ebensowenig zu machen wie die Liebe. Wie sie ist er nicht käuflich, für kein Geld in der Welt. Wir leben nicht nur vom Markt und vom Geschäft. Wir leben von Vertrauen, Hoffnung und Liebe, kurzum: von dem, was nicht zu machen ist. Wir haben keine Zeit mehr, nur die dunklen Punkte unserer Christentumsgeschichte zu beklagen. Die kommende Generation wird uns fragen, ob wir ein Erbe für sie haben. Werden wir sie um Gott betrügen? »Herr, stärke unseren Glauben …«

Der dankbare Samariter

28. SONNTAG IM JAHRESKREIS

Schrifttext: Lk 17,11–19

Empfänger unbekannt

Der zeitgenössische Schriftsteller und Lyriker Hans Magnus Enzensberger – ein katholischer Agnostiker, wie er selbst sagt – hat ein Gedicht geschrieben mit dem Titel: »Empfänger unbekannt«. Darin zählt er auf, was ihn dankbar sein lässt: »Das wohltemperierte Klavier« (Johann Sebastian Bach), der Bordeaux und nicht zuletzt der Schlaf. Für viele kleine und große Dinge des Lebens empfindet er Dankbarkeit. Aber er weiß nicht, wem er danken soll. Der Empfänger des Dankes ist ihm abhandengekommen: »Empfänger unbekannt«.

Wem soll ich danken?

Danken kann nicht jeder. Sicher, das »Dankeschön« ist schnell gesagt. Aber, wenn's ums Ganze geht, um unser Leben, um Vertrauen, Liebe, Vergebung – wem soll ich danken? Wenn man nicht mehr weiß, wem man dafür danken soll, verflacht das Leben. Was soll der Betreffende sagen? Glück gehabt? Danken kann nicht jeder. Das kann man nicht mit sich selbst abmachen. Das geht nur gegenüber einem anderen, gegenüber dem ganz Anderen. Es ist gut, wenn der Empfänger des Dankes bekannt ist und bezeugt wird: Gott!

Unter die Haut gegangen

Damit sind wir mitten in der Erzählung vom dankbaren Samariter. Alle zehn Aussätzigen sind gesund geworden. Neun sind einfach nur mit heiler Haut davongekommen. Einem ist die Heilung unter die Haut gegangen. Die neun wollen so schnell wie möglich vergessen, was hinter ihnen liegt. Sie wollen genauso weiterleben wie vor ihrer Erkrankung. Einer macht es anders. Er stellt sich seiner Vergangenheit. Er kommt zurück und dankt dem, der ihn gesund gemacht hat. »Er lobte Gott mit lauter Stimme« (15). Er hat begriffen: Gott hat mich zu einem neuen Menschen gemacht. Ich verdanke ihm mein Leben.

Einer mit dem falschen Gebetbuch

Dieser eine von zehn ist ausgerechnet ein Samariter, jemand von denen, die bestenfalls ganz am Rande zum Gottesvolk gehörten, über die die frommen Juden die Nase rümpften, weil sie nicht den rechten Glauben hatten, das falsche Gebetbuch. Dieser eine ist in doppelter Hinsicht ausgegrenzt: als Samariter und als Aussätziger wegen der hohen Infektionsgefahr. Und Jesus wendet sich ihm zu und heilt ihn. Umso erstaunlicher, dass dieser eine Geheilte umkehrt, »als er sah, dass er geheilt war …« (15). Er hat erfasst, dass die Krankheit nicht nur seinen Körper, sondern sein ganzes Leben angeht. Er sagt nicht einfach nur: »Glück gehabt«, er kehrt um und sagt: »Gott sei Dank!« Der Dank führt ihn zum Glauben: »Dein Glaube hat dich gerettet« (19), sagt Jesus.

Vergiss nicht

Wie kommt es, dass viele Menschen all die Ereignisse in ihrem Leben, in denen Gott ihnen zum Greifen nah gewesen ist, verdrängen oder vergessen? Vermutlich hängt es mit dem fehlenden Dank zusammen. Wer nicht dankt, wird vergesslich. »Preise den Herrn, meine Seele, und vergiss nicht, was er dir Gutes getan hat«, heißt es in Psalm 103,2. Vergiss nicht, was du alles an Schönem erlebt hast in deinem Leben. Schau doch mal im Fotoalbum die Bilder der Eltern an, die Bilder der Kinder und die Postkarten, die sie schreiben aus aller Herren Länder. Wenn wir nachdenken, fällt uns so vieles ein, was wir an Gutem erlebt haben. Wir haben allen Grund, dafür zu danken.

Ein Geschenk des Himmels

Man sagt so leicht: ›Das Leben ist hart. Du musst es dir teuer erkaufen. Es wird dir nichts geschenkt.‹ Stimmt das? Sicher, das Leben ist auch Arbeit, Leistung, Lebenswerk. Aber das Beste im Leben wird uns geschenkt: Das Leben selbst ist uns vorgegeben. Niemand hat sich selbst gemacht. Wir sind Empfangene und Empfangende. Denken Sie nur an Augenblicke und Zeiten, von denen sie sagen: Da bin ich rundum glücklich gewesen. Kostbare Erfahrungen! Wir können sie nicht machen oder herbeizaubern, sie sind wie ein Geschenk des Himmels. Wer es bedenkt, wird dafür danken.

Gott sei Dank

Der Samariter »warf sich vor den Füßen Jesu auf das Angesicht und dankte ihm« (16). *Eucharistoon* steht da im griechischen Text als Ausdruck des Dankes, mit Bedacht. Es weist uns auf die Eucharistie hin. Jeden Sonntag kommen wir zusammen, um Gott Dank zu sagen: »Lasst uns danken dem Herrn, unserem Gott …«, heißt es zur Einleitung der Präfation. Bei allem, was uns heute in Gesellschaft und Kirche bedrängt, ist dies zu sagen: Wir haben Grund zu danken. Das ist der Inhalt unseres Gottesdienstes. Und nicht nur beim Sonntagsgottesdienst ist Danken angesagt. Vielleicht gelingt es ja, an jedem Abend auf den Tag zurückzublicken und nicht nur das Versagen zu registrieren, sondern auch die Lichtblicke wahrzunehmen und Gott dafür zu danken.

Beten lernen

29. SONNTAG IM JAHRESKREIS

Schrifttext: Lk 18,1–8

Der Atem des Glaubens

»Du bist mein Atem, wenn ich zu dir bete«, heißt es in einem neueren Kirchenlied (»Gotteslob«, 422,3). Was der Atem für das Leben ist, das ist das Beten für den Glauben. Nichts ist uns innerlicher als der Atem. Er ist wie die Lebensenergie, die uns durchströmt. Ohne Atem würden wir nach kurzer Zeit tot umfallen. Das Beten ist der Atem unseres Glaubens. Wo der Glaube zu Hause ist, da wird auch gebetet. Wo nicht mehr gebetet wird, da schwindet der Glaube. Man könnte auch sagen: Das Gebet ist der Nerv des Glaubens. Um diesen Nerv geht es im Evangelium heute.

Eine starke Frau

Eine Witwe kämpft um ihr Recht. Sie hat einiges mitgemacht im Leben. Sie sieht sich um ihr Lebensrecht betrogen. Zu allem Übel ist der zuständige Richter auch noch ein Schurke, er missachtet Gott und die Menschen. Wie soll man da zu seinem Recht kommen? Die Frau resigniert nicht, sie gibt die Hoffnung nicht auf, trotz allem. Sie liegt dem Richter in den Ohren und behaftet ihn bei dem, worauf er verpflichtet ist: beim Recht! Sie kämpft um ihr Recht und bekommt Recht. Kaum zu glauben! Wenn selbst ein solch harter und böswilliger Richter sich erweichen lässt, wie viel mehr muss Gott dann ein Ohr haben für die, die Tag und Nacht zu ihm schreien. Hat er wirklich ein Ohr für uns? Hört er unsere Schreie?

Geduld mit Gott

Oft sieht es so aus, dass Gott sich in Schweigen hüllt und sich unendlich viel Zeit lässt mit dem Schicksal bedrängter Menschen. In solche Situationen hinein spricht Jesus seine ermutigende Verheißung: Gott braucht nicht erst umgestimmt zu werden. Seine Gedanken sind von vornherein Gedanken des Heils. Um dieses Vertrauen nicht zu verlieren, um nicht irre zu werden an Gott angesichts all dessen, was Menschen zu leiden haben und einander antun, dazu hilft es, allzeit zu beten und darin nicht nachzulassen (vgl. 18,1), die Geduld nicht zu verlieren, Geduld zu haben mit Gott. Wir haben keinen anderen Trost für die Welt und über die Welt hinaus als Gott allein. Wir können unsere eigene Not weitergeben an den, von dem allein eine Wende zu erwarten ist. Unsere Not wird seine Not. Das Gebet überlässt Gott die Verantwortung für das, was nicht in unserer Macht steht; er ist verantwortlich für das, was nur er ändern kann.

Gebetsmarathon?

Oft wird der Eindruck erweckt, das Gebet sei eine Art Leistungssport, so etwa, wenn zum »Gebetsmarathon« aufgerufen wird; man müsse den Himmel bestürmen. Was geschieht da? Das Gebet verselbständigt sich zu einem Instrument in der Hand des Menschen, um auf Gott Druck auszuüben. Das darf nicht sein. Wer sind wir denn, dass wir Gott unter Druck setzen? Die Richtung des Betens weist das Gebet Jesu am Ölberg: »Vater, ... nicht mein, sondern dein Wille soll geschehen« (Lk 22,42).

Die Achse

Beten ist Begegnung. Ob Anbetung oder Bitte, ob Lob oder Klage – immer geht es um die Einstimmung in eine lebendige Beziehung. Wie jedes Verhältnis von Menschen seine

Höhe- und seine Tiefpunkte hat, seine Seligkeiten und seine Entfremdungen, so ist es auch für die Begegnung mit Gott im Gebet. Jeder von uns weiß, dass es für eine Beziehung gefährlich ist, wenn Nützlichkeitserwägungen dominieren: Was bringt's? Was springt dabei heraus? Es ist nicht alles Markt und Geschäft. Wir leben von Vertrauen und Liebe. Wenn aber die Liebe Realität ist und Realitäten schafft, sollte dann der Dialog mit dem Ursprung der Liebe ohne Wirkung sein? Er ist vielmehr die Achse, um die sich alles dreht.

Ein Pfarrer erzählte mir, ein junger Mann sei zu ihm gekommen und habe ihn gefragt: Wie lerne ich beten? Die Frage habe ihn in Verlegenheit gebracht. Wie lerne ich beten? Mit dem Beten ist es wie mit dem Schwimmen: Man lernt es nicht, wenn man am Ertrinken ist. Man muss rechtzeitig mit dem Üben beginnen.

Hochmut kommt vor dem Fall

30. SONNTAG IM JAHRESKREIS

Schrifttext: Lk 18,9–14

In eitlem Sinn

Das Gleichnis vom Pharisäer und vom Zöllner ist hinlänglich bekannt. Man scheut sich, noch ein Wort darüber zu verlieren. Aber bei den vertrautesten Dingen ist es oft so, dass man das Wichtigste übersieht. Sie sind uns zu nahe gerückt. Der Pharisäer ist längst ein gängiger Typ geworden. Wir haben damit ganz bestimmte Leute aus unserer Umgebung im Blick. Es ist ja auch viel einfacher, dieses Schimpfwort anderen anzuhängen. Indem wir sie als Pharisäer abstempeln, entlarven wir uns selbst als solche. Eugen Roth dichtet voller hintersinniger Ironie (»Der Salto«):

Ein Mensch betrachtete einst näher
die Fabel von dem Pharisäer,
der Gott gedankt voll Heuchelei
dafür, dass er kein Zöllner sei.
Gottlob! rief er in eitlem Sinn,
dass ich kein Pharisäer bin![1]

Der schräge Blick

Was allen Pharisäern gemeinsam ist? Der schräge Blick auf den anderen: Schau dir den an. Da stehe ich doch ganz anders da … Der Pharisäer misst sich nach unten, um seinen Rang vor Gott zu bestimmen: »Gott, ich danke dir, dass ich nicht wie die anderen Menschen bin, die Räuber, Betrüger, Ehebrecher oder auch wie dieser Zöllner dort« (11). Er braucht den dunklen Hintergrund, um sich selbst strahlend davon abzuheben. Als wenn Spitzbuben und Ehebrecher den Maßstab gäben, an dem man sich messen kann. Wer nur sich selbst und den anderen tief unten ins Auge fasst, dessen Blick bleibt plötzlich nur noch auf dem eigenen Ich ruhen, und der Pharisäer ist perfekt: Sieh mal, lieber Gott, du musst doch den Hut vor mir abziehen.

Viel besser?

Warum nehmen wir andere in unserer Umgebung beim Kaffeeklatsch oder am Stammtisch so gern zwischen die Zähne? Warum zerren wir die Schwächen der anderen tuschelnd und mit gespieltem Entsetzen ans Licht? Einfach deswegen, weil wir uns dabei so unglaublich viel besser vorkommen: So etwas kommt bei mir nicht vor! Wir wollen unser eigenes Selbstwertgefühl durch den Vergleich mit anderen auf-

---

1 Aus: Eugen Roth, »Mensch und Unmensch« © Carl Hanser Verlag, München, 4. Aufl. 1997.

peppen. Wir machen den anderen herunter, um selbst groß herauszukommen.

Selbstgerecht

Übrigens: Der Pharisäer ist in Israel ein geachteter Bürger, der sich um einen anständigen Lebenswandel bemüht und mit gewissenhafter Treue seinen Aufgaben gerecht werden will. Das ist nicht wenig. Der Pharisäer hier im Gleichnis wird nicht deswegen kritisiert, weil er Gott für sein Leben dankt – darüber kann man sich nur freuen. Das Anstößige ist sein schräger Blick auf den Zöllner: Er will sich auf dessen Kosten vor Gott profilieren: Da stehe ich doch ganz anders da. Er ist von seiner »eigenen Gerechtigkeit überzeugt« (9), selbstgerecht!

Außenseiter

Und der Zöllner? Er ist ein Außenseiter vor Gott. Er schaut nicht von oben herab auf andere; sein Blick richtet sich von unten nach oben, Gott ist sein Maßstab. Er erkennt sein Versagen und steht zu dem, was er getan hat. Er drückt sich nicht mit Ausreden um seine Schuld herum. Er sagt nicht etwa: Es war ja meine Pflicht, Zölle einzutreiben. Er macht sich nicht besser, als er ist. Er zeigt auch nicht wie der Pharisäer mit dem Finger auf andere. Das ist ja so eine Sache: Wenn ich den Zeigefinger ausstrecke, zeigen die anderen Finger auf mich selbst zurück. Der Zöllner schlägt mit der Hand an seine Brust: »Gott, sei mir Sünder gnädig!« (13). Das ist eine ganz andere Geste. Dabei zeigen alle Finger auf uns selbst zurück.

Ohne Maske

Beide gehen zum Tempel: der eine mit erhobenem Haupt, weil er sich ganz sicher ist, dass er Gott auf seiner Seite hat, der Zöllner zögernd, mit gesenktem Blick. Er erwartet nichts von sich selbst, sondern alles von Gott. Er steht mit leeren Händen da. Der Pharisäer hat seinen Stammplatz im Tempel ganz vorn, der Zöllner dagegen ganz hinten, sozusagen in der letzten Bank. – Wir gehen heute zum Gottesdienst in die Kirche, ähnlich wie der Zöllner und der Pharisäer damals in den Tempel. Um *uns* geht es in diesem Gleichnis. Wo stehen wir und wie bewegen wir uns in diesem Raum vor Gott und den Menschen? Beide Typen sind in jeder und jedem von uns zu Hause. Jesus will uns mit dem Gleichnis sagen: In Wahrheit seid ihr so eben auch wie der Pharisäer. Das alles habt ihr als Möglichkeit in euch, und eben das ist die Quelle eurer Empfindlichkeiten, des Neids und des schrägen Blicks auf andere. Gefragt ist ein Glaube, der ohne Maske und Selbstrechtfertigung vor Gott tritt und sich ihm überlässt.

Kleiner Mann – ganz groß

31. SONNTAG IM JAHRESKREIS

Schrifttext: Lk 19,1–10

Zöllner

Bis zur Wiedervereinigung Deutschlands war in Frankfurt direkt neben dem Kaiser-Dom eine große Zollhalle. Alle ausländischen Güter wurden dort verzollt. Mit der Europäischen Union sind die Zollgrenzen gefallen. Zöllner trifft man hierzulande nur noch auf internationalen Flughäfen. Die Zöllner spielen beim Evangelisten Lukas eine wichtige Rolle. Ein Lieblingsthema bei ihm ist das Suchen und vor allem das Finden der Verlorenen. Sie sollen zurückgeholt und in die Gemeinschaft eingebunden werden.

Zachäus

Zachäus ist Zöllner. Durch die Zolleinnahmen ist er reich geworden auf Kosten der kleinen und armen Leute. Er ist abhängig von der römischen Besatzungsmacht, er ist deren Handlanger. Er hat es mit Hilfe der Römer bis zum Generalpächter der Grenz- und Marktzölle im Gebiet von Jericho gebracht. Zachäus stand an der Stadtmauer von Jericho und kassierte von jedem, der hineinwollte, den Zoll. Zöllner galten als Kollaborateure der römischen Besatzungsmacht, als Halsabschneider und Ausbeuter. Darum waren sie bei den Juden verhasst, exkommuniziert. Anders bei Jesus. Er galt als Freund der Zöllner und Sünder.

Jesus kommt

Jesus kommt nicht allein. Seine Jünger kommen mit nach Jericho. Zudem ist viel Volk dabei, auch Frauen. Sie haben soeben vor den Toren der Stadt erlebt, wie Jesus einen blinden Bettler geheilt hat. Seine Blindheit hatte ihn arm gemacht. Nun kann er sehen. Jesus ist von vielen Menschen umringt. Das macht Zachäus neugierig. Er will Jesus sehen. Aber wie soll er das nur anstellen? Er ist klein gewachsen, die Großen versperren ihm die Sicht. Zachäus weiß sich zu helfen. Er ist klein, aber oho. Er klettert auf einen Baum. Jesus sieht zu ihm hinauf. Er sucht Zachäus, und Zachäus sucht Jesus. Beide suchen und finden sich.

Zu Gast bei Zachäus

Jesus sagt Zachäus nicht im Vorbeigehen Guten Tag; er will bei ihm einkehren, er sucht die Gemeinschaft mit ihm. Zachäus kann sein Glück kaum fassen. Schnell klettert er von seinem Hochsitz herunter und nimmt Jesus bei sich zu Hause auf. Jesus macht einen Hausbesuch. Er erweist sich als ein guter Seelsorger. Beim Essen unterhält er sich mit

Zachäus. Im Evangelium ist nichts davon zu lesen, dass er ihm Vorwürfe macht wegen seiner Berufspraktiken. Er hält ihm nicht sein Sündenregister vor, obwohl er doch einiges auf dem Kerbholz hat. Die Sündenvergebung ereignet sich, ohne dass davon gesprochen wird, einfach indem Jesus sich mit Zachäus an einen Tisch setzt. Er nimmt ihn an, wie er ist.

Angenommen

Niemand kann sich aus eigener Kraft von der Last seiner Vergangenheit befreien. Um frei zu werden, bedarf es eines anderen, der ihm eine Chance zur Entlastung eröffnet. Zachäus weiß sich von Jesus angenommen. Darum sieht er selbst, was er nun zu tun hat: »Herr, die Hälfte meines Vermögens gebe ich den Armen, und wenn ich von jemandem zu viel gefordert habe, gebe ich ihm das Vierfache zurück« (8). Zachäus ist also zu konkreten Schritten bereit, die ihn mit der Gemeinschaft in Kontakt bringen. Er wird gemeinschaftsfähig. Er gestaltet sein Leben neu. Jesus muss ihm nicht vorschreiben, was er zu tun hat, er sieht es selbst. – Das Heil geschieht nicht jenseits unseres alltäglichen Lebens, sondern mitten in ihm. Heilserfahrungen wollen in den Gegebenheiten unseres Alltags entdeckt werden, eben am Wegesrand.

Auf die Palme

Wo sich das Heil ereignet, ist das Unheil nicht weit entfernt. Die Leute, die das ganze Geschehen mitbekommen haben, sind empört, sie gehen auf die Palme. Jesus schlägt wütende Ablehnung entgegen: Der ist doch naiv! Weiß er denn nicht, mit wem er sich da einlässt und an einen Tisch setzt? »Er ist bei einem Sünder eingekehrt« (7). Alle diejenigen, die Zachäus außen vor gelassen haben, stehen nun ihrerseits draußen vor der Tür. Sie schließen sich selber aus. Jesus verteidigt sich, indem er ihnen entgegenhält: ›Auch dieser Mann ist ein Sohn Abrahams‹ (vgl. 9). Gott schließt niemanden aus seiner Verheißung an Abraham aus. Das eröffnet eine neue Zukunft, nicht zuletzt für Zachäus.

Ein Gott der Lebenden

32. SONNTAG IM JAHRESKREIS
Schrifttext: Lk 20,34–38

Naturseligkeit?

Die Bestattungskultur ist ein Spiegelbild unseres Glaubens. Da ändert sich gegenwärtig viel. Wenn man in Städten über einen Friedhof geht, dann fällt auf, dass viele Grabfelder brachliegen. Stattdessen mehren sich die Friedwälder. Die Urne wird im Wurzelboden eines Baumes beigesetzt. Statt des Kreuzes über dem Grab ein Baum! Nicht selten steht dahinter die Vorstellung, dass der Mensch in den Schoß der Natur heimkehrt. Die Natur soll die Antwort sein auf die Fragen, die der Tod aufwirft. – Ich muss gestehen, je älter ich werde, desto mehr sträubt sich alles in mir gegen eine solche Naturseligkeit. Wenn ich vor dem Fleckchen Erde stehe, in dem meine Eltern begraben sind, vor den Gräbern meiner Geschwister, dann weicht der Zauber der Natur. Ja, Blumen wachsen dort und üppige Sträucher, Efeu rankt am Grabstein. Die Naturelemente sind am Werk. Aber es ist, wie wenn sie stumm und kalt, gleichgültig und teilnahmslos über die Toten weggehen. Die Natur fragt nicht nach ihnen. Keine Erinnerung wird laut, kein Aufschrei und Protest gegen den Tod – wie wenn die Verstorbenen gedankenlos in den Abgründen der Natur verschwinden und ihr Name gnadenlos ausgelöscht wird. An den Gräbern vergeht alle Naturromantik. Die Natur findet keine Antwort auf die Fragen, die der Tod uns stellt. Dem Menschen, sagt der christliche Glaube, antwortet letztlich nicht die Natur, sondern Gott mit seinem zukunftsträchtigen Wort: Jesus Christus. Er ist der Erstgeborene der neuen Schöpfung, das Tor zum Leben. Gott »ist doch kein Gott von Toten, sondern von Lebenden; denn für ihn leben sie alle« (38). Das ist der Spitzensatz des Evangeliums heute, darauf kommt's an.

So nicht

Jesus räumt auf mit falschen Vorstellungen zur Auferstehung der Toten. Er sagt seinen Gegnern (den Sadduzäern), die nicht an die Auferstehung der Toten glauben und ihn mit Spitzfindigkeiten lächerlich machen wollen: Ihr geht von völlig falschen Voraussetzungen aus. Ihr denkt, alles gehe im Grunde so weiter wie bisher, heiraten, leben und arbeiten, immer so weiter. Das ist ein großer Irrtum. Auferstehung als Fortsetzung und Steigerung des gegenwärtigen Lebens – das kann's nicht sein. Die Auferstehung der Toten ist eben gerade keine kontinuierliche Fortschreibung unseres jetzigen Lebens. Es werden nicht nur die Pferde gewechselt, es geht nicht weiter im alten Trott. Es geht überhaupt nicht einfach nur weiter; es wird alles ganz anders als hier. Alle Lebensordnungen, die jetzt ihren Sinn haben, gelten dann nicht mehr. So also nicht.

Wie denn?

Wo bleiben wir mit unserem Leben zwischen Geburt und Tod, zwischen Wiege und Grab? Die alles entscheidende Antwort Jesu, die uns Zukunft verheißt, lautet: »Er ist doch kein Gott von Toten, sondern von Lebenden; denn für ihn leben sie alle« (38). Gott bleibt der Gott von Lebenden über die

Grenzen unseres Erdenlebens hinaus. Das ist uns allen gesagt, denen der Tod nicht erspart bleibt. Wir kündigen Gott die Treue, wenn wir dem Tod mehr zutrauen als ihm. Dann wäre er nicht Gott. Der Tod ist endlich, sterblich. Er ist nicht göttlich, er ist nur geschöpflicher Tod. Er stirbt, wie wir sterben. »Der letzte Feind, der entmachtet wird, ist der Tod« (1 Kor 15,26). Jesu Auferweckung ist der Todesstoß für den Tod. Der Sieg gehört dem Leben, nicht dem Tod. Gott ist treu. Er kann den Menschen, den er nach seinem Bild erschaffen hat, mit dem Tod nicht ins Nichts versinken lassen. Er kann nicht sein eigenes Ebenbild zerstören oder zerfallen lassen.

Gott allein

Wovon also können wir in der Frage der Auferstehung der Toten ausgehen? Nicht von menschlichen Vorstellungen und Spekulationen. Da fehlen uns einfach die Worte. Jesus staffiert den Himmel nicht aus. Er sagt uns nichts Näheres über das ›Wie‹ des ewigen Lebens, aber er garantiert das ›Dass‹. Gefragt: ›Wie stellen Sie sich die Auferstehung der Toten vor?‹, antworte ich: Ich stelle sie mir überhaupt nicht vor, ich überlasse es Gott, wie er die Menschen überraschen wird. Im Tode erwartet uns nichts – außer Gott! Und Gott ist alles!

Das Ende

33. SONNTAG IM JAHRESKREIS

Schrifttext: Lk 21,5–19

Ende der Geschichte?

Der amerikanische Politikwissenschaftler Francis Fukuyama hat vor etlichen Jahren ein Buch veröffentlicht, das Aufsehen erregt hat. Der Titel: »Das Ende der Geschichte«. Darin schreibt er, das nunmehr siegreiche Wirtschafts- und Gesellschaftssystem sei offenkundig das beste. Es biete optimale Lösungen für alle Menschheits-Probleme. Etwas prinzipiell Neues sei nicht mehr zu erwarten, auch gar nicht zu wünschen. – Wenn man das liest, steht man fassungslos vor so viel Fortschrittsgläubigkeit. Da ist das heutige Evangelium mit seinem Schreckensszenario viel näher an der Realität. Denken Sie nur an die täglichen Nachrichten: Hass und Morddrohungen im Netz, Krieg und Gewalt zwischen den Völkern, Pandemien (Corona) und Hungersnöte, Erdbeben (vgl. 10 f). Die Welt wird in zunehmendem Maße von Katastrophen heimgesucht.

Nichts hält ewig

›Nichts hält ewig …‹, sagen wir oft. Etwas geht zu Bruch oder ist zerschlissen: Nichts hält ewig … Das gilt nicht nur für die Dinge um uns herum, es betrifft uns selbst, es betrifft alles. Und die Erde? Die Naturwissenschaftler lehren uns, dass sie noch Milliarden Jahre bestehen wird. Das mag wohl so sein. Aber auch sie ist endlich, nicht ewig. Alles trägt ein Verfallsdatum. Auch die Zeit hat ein Ende, der Tag, die Woche, der Monat, das Jahr. Die Zeit wird nicht ewig so weitergehen. Einmal ist die Uhr abgelaufen. Was ist am Ende der Zeit? Das hat die Menschen immer wieder bewegt, vor allem die Frage nach dem Zeitpunkt des Endes und die nach den Umständen.

Heilsame Erschütterungen

Zunächst: Wann kommt das Ende? Von Sekten (etwa den Zeugen Jehovas) sind wiederholt Zeitberechnungen angestellt worden, aber das Ende ist offensichtlich nicht eingetreten. ›Lauft diesen falschen Propheten nicht nach‹ (vgl. 8), mahnt das Evangelium. Die Frage der Jünger nach einem

Termin (»Wann wird das geschehen ...?« 7) wird nicht beantwortet. Das Evangelium will, dass wir unsere Alltagszeit und die Endzeit, den kleinen Horizont unseres Lebens und den großen Welthorizont miteinander in Beziehung bringen. Die letzten Dinge greifen in unser Leben ein. Das Scheitern eines Lebensplanes, einer Beziehung, Krankheit und Tod können uns erschüttern: Da bricht eine Welt zusammen. Alles will noch einmal neu angesehen und bedacht werden. Das kann sehr heilsam sein. Es zeigt uns, dass wir unser Leben nicht in der Hand haben. Die Erschütterung reißt uns aus dem Fahrwasser der Gleichgültigkeit, in dem wir treiben, als hätten wir ewig Zeit. Wir erfahren, dass unser Leben begrenzt ist und unsere Zeit ein Ende hat. Erst das Ende schärft unseren Blick, wie einmalig jede Stunde ist, jeder Tag.

In Erwartung

Und nun zur Frage nach den Umständen des Endes. Am Ende der Zeiten steht nicht etwa nur der Zusammenbruch der Welt, am Ende steht eine Begegnung. Darum heißt die entscheidende Frage nicht: *Was* kommt auf uns zu?, sondern: *Wer* kommt auf uns zu? Christen warten nicht auf etwas, sondern auf jemanden. Sie warten nicht auf das Ende der Welt, sie warten auf Christus. Er ist im Kommen (vgl. Lk 21,27). Die Herren der Welt gehen, unser Herr kommt. Wir sind mit unserer Erwartung an das Leben und an unsere Zukunft aufgehoben in diese allumfassende Erwartung des Messias: »Richtet euch auf und erhebt eure Häupter; denn eure Erlösung ist nahe« (28).

Der weite Horizont

Das ist kein Wunschdenken, das uns in den blauen Dunst frommer Traumseligkeit entrückt. Die Vision von der neuen

Welt Gottes trägt sehr realistische Züge: Wir erwarten »einen neuen Himmel und eine neue Erde, in denen die Gerechtigkeit wohnt« (2 Petr 3,13). Unsere Lebensgeschichte mit ihrem Glück und ihrer Verzweiflung, mit ihrem Gelingen und Scheitern, Lachen und Weinen wird durch den weiten Horizont der Verheißung nicht entwertet, sondern erhält ihre besondere Würde. Auf unser Leben kommt es an. Es ist nicht egal, was wir tun und lassen, ob wir teilnahmslos oder mitfühlend sind, verlogen oder aufrichtig. Es ist nicht egal, ob wir rücksichtslos unsere eigenen Interessen durchsetzen oder Solidarität üben, ob wir Geflüchteten die kalte Schulter zeigen oder sie aufnehmen und uns um sie kümmern. Jeder Tag ist eine neue, unverbrauchte Chance.

Jesu Königsweg

CHRISTKÖNIGSSONNTAG

Schrifttext: Lk 23,35–43

Heldenverehrung

Wie stellen Sie sich einen König vor? Wahrscheinlich so: Er sitzt auf einem hohen Thron. Er trägt eine goldene Krone, in seiner rechten Hand hält er das Zepter. Der Erdball dient ihm als Schemel für seine Füße. – Die Religionsgeschichte zeigt, dass die Menschen ihre Götter in der Regel wie große Helden ausstaffiert haben: stark, mächtig und schön. Die Götter im antiken Griechenland etwa kannten keine Vergänglichkeit und kein Leid. Am Schicksal der Menschen nahmen sie nur als Zuschauer teil. Die Götter, die Menschen sich ausdenken, sollen das ersetzen, was ihnen selbst fehlt: Ihre eigene menschliche Schwäche kompensieren sie mit der Stärke ihrer Idole, ihre Niederlagen mit deren Siegen.

Dornenkrone statt Goldkrone

Jesus ist der Einspruch gegen diese selbstgemachten Götterbilder. Die sind vom Sockel gestürzt durch den, der im Stall geboren und am Ende ans Kreuz geschlagen wurde. Der König Christus trägt

- statt der Goldkrone die Dornenkrone,
- statt der Königsgewänder den Spottmantel.
- Statt dass er auf einem Thronsessel sitzt, trägt er das Kreuz.

Das ist die Situation, in der Jesus sich als König bekennt (vgl. 23,3). Von den Soldaten und von einem der beiden Verbrecher, die neben ihm hängen, wird er mit diesem Titel lächerlich gemacht (vgl. 39). Am Kreuz ist »eine Aufschrift angebracht: Das ist der König der Juden« (38). Aller äußeren Macht beraubt, sieht er dem Tod ins Gesicht. Kann er uns eindringlicher sagen, dass sein Königsweg nicht hoch hinaus führt, sondern tief herunter in die Erniedrigung?

Nicht mit Gewalt

Warum ist Gott diesen Weg gegangen? Er will ein Gott auch der Schwachen sein, nicht nur der Starken; ein Gott auch der Zukurzgekommenen, nicht nur der Erfolgreichen; ein Gott, der nicht nur die Menschen auf der Sonnenseite des Lebens sieht, sondern auch die, die im Schatten stehen. Jesus widerstand der Versuchung, die Welt mit Gewalt in Ordnung zu bringen, mit Macht die sogenannten klaren Verhältnisse zu schaffen. Er ging nicht über Leichen, er starb für die Menschen, für uns.

Unter Niveau?

Dieser Weg der Entäußerung aller Gewalt ist der Königsweg Gottes. Auf keinem anderen Weg will er die Welt retten. Ist das nicht Schwäche, ist Gott da nicht weit unter seinem Niveau? Von außen betrachtet mag das so scheinen. In Wahrheit aber liegt da Gottes Stärke, seine verwandelnde Kraft. Sie bewegt etwas, sie verändert die Verhältnisse von Grund auf. Eine Macht, die sich die Mächtigen gegenseitig zuschieben oder einander entreißen, erhält den Status quo: hier Mächtige, dort Ohnmächtige. Sie steht nur für die stärkere Hälfte des Ganzen, ist also im wahrsten Sinne des Wortes nur halbstark. Das Scheitern wird ausgeblendet. Jesus dagegen lässt uns Gottes Kraft auch in seiner Ohnmacht am Kreuz entdecken. Darin liegt seine königliche Würde.

Das letzte Wort

Über Jesu Grab ist nicht Gras gewachsen. Gott hat sich als allmächtig erwiesen, indem er ihn vom Tode auferweckte und ihn zu seiner Rechten inthronisierte (Christi Himmelfahrt). Das dürfen wir nicht verschweigen. Würde Gott nur mitleiden, dann kapitulierte er schließlich vor dem Bösen. Nein: Es ist tröstlich zu wissen, dass die Mörder nicht über ihre Opfer triumphieren werden, dass sie nicht das letzte Wort haben. Das spricht Gott. Er bürgt dafür, dass mit dem Tod nicht alles aus ist, so wahr er Jesus von den Toten auferweckt hat. Er allein hat auch die Macht, unsere von Katastrophen und Terror gezeichnete Welt in Christus neu zu gestalten.

FESTE

Dreieinig

DREIFALTIGKEITSSONNTAG

Gott duzen?

›Wie kommen Sie dazu, Gott zu duzen?‹ Als mir jemand diese Frage stellte, stutzte ich und kam ins Nachdenken. Ist das nicht tatsächlich eine Verharmlosung Gottes, ihn mit Du anzureden? Oft sprechen wir von Gott, als sei er ein leicht beschreibbares Mitglied unseres Bekanntenkreises, als hätten wir die Frage nach ihm für immer hinter uns gebracht. Sie ist nie erledigt. Vielleicht steckt er viel mehr in der Frage nach ihm als in unseren Antworten. Gott ist unbegreiflich. »Wenn du ihn begreifst, dann ist es nicht Gott«, schreibt Augustinus. Nicht zu fassen, sagen wir. So ist es mit Gott. Seine Unbegreiflichkeit – das ist der Kern des christlichen Glaubens – offenbart sich darin, dass er uns durch Jesus zum Greifen nahegekommen ist.

Gott als Mitleidender

Jesus ist das menschliche Gesicht Gottes. Er hat Gott vereinbar gemacht mit dem ganz gewöhnlichen Menschsein. Er steckt in unserer Haut. Das ist gerade auch im Religionsvergleich (etwa mit dem Islam) das Anstößige des christlichen Glaubens: Der Schöpfer der Welt erweist seine Erhabenheit nicht durch seine überwältigende Machtfülle, er offenbart sich uns in einem Menschen, der am Kreuz nach Gott schreit. Gott selbst als Mitleidender! Nicht dass er alles Unheil wegzaubern würde, nicht dass er uns die Last unseres Daseins abnehmen würde. Zu groß ist sein Wille, den Menschen frei zu wissen. Mittragend verändert er die Verhältnisse. Er durchschmerzt das Leiden und überwindet es in der Auferstehung. Die Frage nach dem Leiden wird dadurch nicht *ge*löst, sie wird *er*löst. Sie wird nicht *be*antwortet; seit Jesu Passion wird sie von Gott selbst *ver*antwortet. Gott ist groß, rufen die Muezzine von den Minaretten. Das ist wahr. Aber Gott ist klein wie ein Mensch! Das rufen sie nicht.

Auf Augenhöhe

Jesus steht dafür, dass Gott sich einen Zugang zu den Menschen gebahnt hat – auf Augenhöhe mit uns. Dieser Jesus hat Gott seinen Vater genannt: »Abba«. Er hat gebetet mit diesem Urwort des Vertrauens. So hat er auch seine Jünger und uns zu beten gelehrt: »Vater unser …«. Das ist der Grund, warum Christen Gott duzen. »Gott ist uns Vater und mehr, mehr, viel mehr. Gott ist uns Mutter und mehr, mehr, viel mehr«, so heißt es in einem neuen geistlichen Lied. Gott ist und bleibt der Unbegreifliche. Doch Jesu Leben und seine Botschaft lassen erahnen, dass Gottes Unbegreiflichkeit in der Liebe seines Vaters gründet.

Der Geist Jesu

Gott ist nicht nur in Jesus als Bruder neben uns und als Vater über uns, er ist auch der Gott in uns, als göttliche Kraft, die uns inspiriert: Heiliger Geist. Der Heilige Geist ist der Geist Jesu, sein Denken und Wollen, seine Gesinnung in uns. Im christlichen Glauben ist das erste Bekenntnis zu Gott (dem Schöpfer des Himmels und der Erde) stets zu buchstabieren durch das zweite (Jesus Christus) und durch das dritte (Heiliger Geist). Man kann von drei Weisen sprechen, in denen der eine Gott sich in der Geschichte ausspricht: als Schöpfer des Universums, als Mensch und Erlöser an unserer Seite und als die »Kraft aus der Höhe« in uns.

Das Kreuzzeichen

Wenn wir das Kreuzzeichen machen, führen wir unsere Hand zur Stirn (Gott über uns), zur Brust (Gott in uns) und zu den Schultern (Gott mit uns, an unserer Seite). Wir nehmen unsere ganze Person zusammen mit Leib und Seele und beschreiben den Ort, an dem wir daheim sind, im dreieinen Gott. Zur täglichen Erinnerung könnte man – so mache ich es – morgens mit dem Kreuzzeichen beginnen und abends, bevor man ins Bett steigt, den Tag mit dem Kreuzzeichen beschließen. Wohnen im dreieinen Gott. Mit jedem Kreuzzeichen vertrauen wir uns ihm neu an.

Brot für das Leben der Welt

FRONLEICHNAM[1]

Altar oder Kühlschrank

Vor etlichen Jahren ist das folgende Gedicht von Hans Magnus Enzensberger erschienen – eine Offenbarung, aber eine profane.

Profane Offenbarung

Schneeweißes Tabernakel,
selbst der ewige Säufer findet Gnade vor dir,
im Handumdrehn spendest du
der Sünderin Absolution
und erleuchtest die Schlaflosen,
die in deinem hellen Widerschein
vor dir knien, nächtlicher Trost
der Dürstenden, süßer Nothelfer

1 Wichtige Anregungen zu diesem Text verdanke ich Gotthard Fuchs.

aller Hungerleider!
Verheißungsvoll offenbarst du dich
dem Bedürftigen, winziger,
eisiger Garten Eden!
Mit Manna segnest den Pilger du,
mit frischen Pfirsichen, Trauben,
schimmernden Kirschen und Wein.
Altar oder Kühlschrank:
vor die Wahl gestellt,
so mancher frommer Glaube,
glaubt mir, geriete ins Wanken.[2]

Das Gedicht ist in der Tat eine Offenbarung. Die religiösen Begriffe sind alle noch da: Gnade, sogar Sünde, Absolution, Trost, Nothelfer, Manna, Tabernakel … Aber ihr ursprünglicher Inhalt ist weg. Das Tabernakel ist zum Kühlschrank profaniert, zum »eisigen Garten Eden«. Der Inhalt ist ausgewechselt, wie wenn man einen Beichtstuhl oder eine Kommunionbank in einen Partykeller stellt. Das ist Säkularisierung von innen, eine profane Offenbarung. »Verheißungsvoll offenbarst du dich dem Bedürftigen«, denen, »die in deinem hellen Widerschein vor dir knien …« Sie kennen das: Man kniet vor dem Kühlschrank und öffnet voller Erwartung die Tür. Und dann wird der Hunger gesättigt, der Durst gestillt. Man schluckt und schluckt und schluckt – ohne Ende. Im Essen und Trinken geht es eben um viel mehr als um Sättigung. »Mit Manna segnest den Pilger du, mit frischen Pfirsichen, Trauben, schimmernden Kirschen und Wein.« Anbetung als Götterspeise! Aus Angst, nicht genug zu kriegen, füllen viele die Tiefkühltruhen wie Hamstertiere

2 »Profane Offenbarung«, aus: Hans Magnus Enzensberger, »Gedichte 1950–2020« © Suhrkamp Verlag, Berlin 2019.

vor der Eiszeit. Es wird »gesündigt«, auf Vorrat geschluckt. Ein kleiner Speckgürtel kann nicht schaden. Man weiß ja nicht, was kommt, wie der Winter wird – der Winter des Lebens, der Winter des Glaubens. Wird am Ende das Tabernakel durch den Kühlschrank ersetzt? Eine Zeitlang kann man denken: Altar oder Kühlschrank – das ist eine falsche Alternative. Man kann doch ganz gut beides miteinander verbinden. Aber in kritischen Situationen geht's um Entscheidungen:

Altar oder Kühlschrank:
vor die Wahl gestellt,
so mancher frommer Glaube,
glaubt mir, geriete ins Wanken.

Lebensmittel als Lebensziel?

Wir leben vom Brot, vom Brot und vom Wasser. Essen und Trinken hält Leib und Seele zusammen ...Das Brot hat viele Namen – wie die Lebensmittel im Kühlschrank. Es ist ja alles da: volle Schaufenster, volle Regale, volle Mägen. Und doch werden viele das Gefühl nicht los, leer auszugehen und um das Eigentliche im Leben betrogen worden zu sein. Fülle und Leere, Sattsein und Unzufriedenheit, Betrieb und Langeweile – das liegt oft dicht nebeneinander. Wenn Lebensmittel zum Inhalt des Lebens werden, dann ist auf einmal der Teufel los. Lebensmittel sind notwendig; aber Mittel können nicht das Ziel sein, nicht der Inhalt des Lebens. Der Mensch lebt nicht vom »Brot allein«. Sehen wir nicht in unserem Land, wie Menschen am Brot allein zugrundegehen? Der Mensch ist zu groß, als dass er an den Lebensmitteln Genüge finden würde. Wo ist die Speise zu finden, die nachhaltig Leben schenkt, wo erfahren wir die Erfüllung des Herzens, die uns die Angst nimmt, zu kurz zu kommen und nicht satt zu werden? Wo ist die Speise, die uns von aller Maßlosigkeit des Konsums erlöst – zur gelassenen Freude in dieser Welt, zur Lust an einem Leben, das Bestand hat und im Tod nicht untergeht? Spüren wir diesem Heißhunger nach, dieser brennenden Sehnsucht als Spiegelschrift aller konsumistischen Habgier und kapitalistischen Sucht! Alles liegt daran, sich nicht mit dem Falschen abspeisen oder volllaufen zu lassen. Es ist nicht damit getan, satt zu werden; es kommt darauf an, Erfüllung zu finden.

Religion des Marktes

Offensichtlich verliert der christliche Glaube in unserer Gesellschaft zunehmend an Boden. Viele stellen das genüsslich fest und denken, jetzt würden in dem Vakuum Aufklärung und Humanität nur so aus dem Boden sprießen. Weit gefehlt! Desorientierung und Aberglaube breiten sich aus. Und an die Stelle des Glaubens an den menschenfreundlichen Gott ist längst die gnadenlose Religion des Marktes getreten. In ihrem Bann bringen wir uns bei, dass die Ellbogen viel wichtiger sind als das Herz. Längst ist die Seele an den Markt verkauft, und wir wundern uns, dass das soziale Klima frostig geworden ist und viele frieren und erfrieren. Wir sind arm an Gütern, die nicht zu kaufen sind. Der Kommerz diktiert alle Lebensbereiche und banalisiert fast alle Themen. Wir ersetzen das Rückgrat durch die harte Währung. Geld zählt mehr als Glaubensüberzeugung, als Aufrichtigkeit; und dann wundern wir uns über die Korruption und Gewalttätigkeit. Wir werden uns noch mehr wundern. Gibt es in unserem Land gemeinsame Visionen? Gibt es noch die gemeinsame Sorge um eine gemeinsame Zukunft, und zwar nicht nur für unser Land, sondern über Europa hinaus für die Welt? Das Interesse erschöpft sich faktisch im eigenen Schrebergarten.

»Für euch und für alle ...«

Dieses Wort bringt Jesus, seine Botschaft und sein Leben auf den Punkt. Er hat nicht *etwas* gegeben, sondern *sich selbst*. So ist er zum Brot geworden für das Leben der Welt. Es ist nicht damit getan, sich hinzusetzen und daran zu denken, wie das beim Abendmahl gewesen ist. Nein, Jesus ruft uns zu: Handelt danach, nehmt das mit in euer Leben. Das Brot des Lebens ist nicht im Handumdrehen zu haben. Es fordert uns heraus, in Jesu Lebenshingabe einzugehen. ›Dies Brot ist mein Leib für das Leben der Welt.‹ Christus wird in der Hingabe zum Brot des Lebens. »Für euch und für alle«, das ist die Richtung seines Lebens. Sie führt zur Erfüllung. Das Leben für andere kann wie eine Befreiung sein, wie eine Erlösung.

Urbild des erlösten Menschen

MARIAE AUFNAHME IN DEN HIMMEL

Schrifttext: Offb 12,1–6

Das Zeichen am Himmel

Ein gewaltiges Bild stellt uns die Lesung aus der Apokalypse vor Augen: »Dann erschien ein großes Zeichen am Himmel: eine Frau, mit der Sonne bekleidet; der Mond war unter ihren Füßen und ein Kranz von zwölf Sternen auf ihrem Haupt« (12,1).

Das große Zeichen ist die Frau, die Mutter des Messiaskindes; sie ist die Verkörperung des Gottesvolkes. Unsere Darstellungen in Lied und Figur greifen diesen Vers auf und beziehen ihn, anders als der Text, auf Maria: »Sonnenumglänzete, Sternenbekränzete ...«, die Strahlenmadonna, umgeben von Gestirnen. Die Gestirne weisen auf sie hin, lassen sie groß erscheinen. Geradezu umgekehrt geht's in der Reklame zu: Da ist die Frau in der Regel nur als Blickfang in Szene gesetzt. Es geht um das Auto, die Seife, um irgendetwas. Die Frau muss herhalten, die Dinge attraktiv zu machen. Im Schrifttext dagegen müssen die Dinge der Frau dienen. Maria ist Urbild des erlösten Menschen. Sie ist am Ziel angekommen. Unser hier und jetzt gelebtes Erdenleben ist mit seinen Tiefen und Höhen von Gott aufgenommen. Es kommt in ihm zur Vollendung. Maria winkt uns vom Ziel her herüber. Das Fest ihrer leibhaftigen Aufnahme in den Himmel ist ein Osterfest.

Mit Leib und Seele

In Maria begegnen und feiern wir den erdenschweren Menschen, nicht den himmlisch-vergeistigten, wie ihn die Esoteriker uns weismachen wollen. Maria ist mit Leib und Seele in den Himmel aufgenommen. Wir *haben* nicht nur einen Leib, wir *sind* Leib. Das Heil ist nicht nur in der Seele zu suchen, die sich schließlich aus dem Staub macht. Der Staub der Erde, die ganze Schöpfung mit dem Leib ist in die Vollendung einbezogen: »Ich glaube an die Auferstehung des Fleisches«, so hieß es früher im Glaubensbekenntnis. Deutlicher kann man es nicht sagen. Der Leib wird nicht nur wie eine ausgebrannte Rakete zurückgelassen. »Caro cardo salutis: Das Fleisch ist der Angelpunkt des Heils« (Tertullian). Es ist kein Zufall, dass Maria heute mit den heilenden Kräften der Natur (Heilkräuter) zusammengebracht wird. Die ganze Schöpfung soll Raum haben im Glauben und Vollendung erfahren. Unser leibhaftiges Leben ist in den Glauben einbezogen. Der ganze Mensch ist in die Erlösung einbezogen, mit Leib und Seele, mit Hand und Fuß, mit Haut und Haaren. Dafür bürgt Maria! In dem Maße, wie Gott heute aus dem Bewusstsein vieler Menschen schwindet, nimmt die Natur göttliche Züge an. Vorletztes wird zum Letzten. Nicht wenige sind versessen auf Heilkräuter. Fragen sie noch, von wem das Heil zu erwarten ist?

Aufgenommen

Aufgenommen in den Himmel! Dahin geht unsere Sehnsucht: angenommen zu sein, akzeptiert zu werden, Aufnahme zu finden. Die gegenteilige Erfahrung begegnet uns allenthalben: Menschen, die keine Aufnahme finden, die niemand haben will, die abgeschoben werden, Kinder, die unerwünscht sind, nicht angenommen und aufgenommen. Maria ist aufgenommen in den Himmel. Sie hat den Messias aufgenommen, und er hat sie aufgenommen. Wir dürfen hoffen, wie sie aufgenommen zu werden, nicht nur mit unseren Ideen, sondern wir selbst.

Dem Menschen, sagt der christliche Glaube, antwortet letztlich nicht die Natur, sondern Gott mit seinem zukunftsfähigen Wort: Jesus Christus. Er ist der Erstgeborene der neuen Schöpfung, das Tor zum Leben. Er hat Maria zu sich aufgenommen. Das lässt hoffen für den Kosmos und für alle Menschen.

Die Eckpunkte

ALLERHEILIGEN

Schrifttext: Mt 5,1–12

Eine Grundsatzerklärung

Jesus steigt auf den Berg, den Ort der Gottesoffenbarung. Der Berg weckt die Erinnerung an den Sinai, an Mose, an die Grundgeschichte des Gottesvolkes. Jetzt spricht Jesus in Gottes Namen, es ist eine Art Grundsatzerklärung. Er setzt sich auf dem Berg nieder wie ein Meister und Lehrer und unterweist seine Jünger und das Volk. Er gibt ihnen keine Definition des Reiches Gottes, sondern erläutert die Einlassbedingungen. Der Text ist uns sehr geläufig. Das birgt Gefahren. Wir denken schließlich, es sei selbstverständlich, dass die Armen selig sind und die Hungernden satt werden. Das Gegenteil ist der Fall: Die Armen gehen leer aus und Hungernde verhungern, Trauernde werden depressiv und Pazifisten (Friedensstifter) werden als Spinner verlacht. Dagegen erhebt Jesus Einspruch. Er preist nicht die selig, von denen man es erwartet, nicht die Gerechten und Frommen, die nach dem damals gängigen religiösen Empfinden von selbst Empfänger des Heils sind, auch nicht die Erfolgreichen, nicht die, die bewundert werden, sondern die Menschen in Not, die auf der Schattenseite des Lebens stehen: die Alleinerziehenden, die Gäste an unseren Tafeln. Gott hat Lieblingskinder, es sind die Armen.

Der Hintergrund

Jesu Wort steht im Zusammenhang mit seinem Handeln: Er hat Gemeinschaft mit denen, die aufgrund ihres Schicksals, ihrer Schuld oder auch der herrschenden Verhältnisse und Vorurteile als Gezeichnete und Ausgestoßene gelten; mit den Kranken, die nach dem damaligen Vergeltungsdogma ihr Leiden als Strafe für begangene Schuld tragen müssen; mit den von dämonischen Mächten Besessenen; mit den Aussätzigen, denen die Gemeinschaft mit anderen versagt ist; mit den Sündern und Sünderinnen, mit den verlorenen Töchtern und Söhnen. Man darf die Begriffe »arm«, »hungern«, »trauern« nicht aus ihrem konkreten Lebensbezug herausnehmen und sie nur religiös-metaphorisch verstehen. Wie die Kranken, die Jesus heilte, wirklich Kranke, die Sünder, mit denen er aß, wirklich Sünder waren, so sind die

Armen, Hungernden und Trauernden der Seligpreisungen wirklich von Armut, Hunger und Leid getroffene Menschen. Die Gottesherrschaft bringt für sie die große Wende.

Die zweite Ebene

»Selig, die arm sind vor Gott; denn ihnen gehört das Himmelreich« (3). Diese Seligpreisung steht bewusst voran. Sie ist wie eine Überschrift über dem Ganzen. – Die Armut vor Gott soll selig machen? Wie soll man das verstehen? Armut ist nicht allein (das zunächst!) eine Sache der Brieftasche oder des Portemonnaies. Arm vor Gott ist der, der die Grenzen seiner Geschöpflichkeit sieht, der nicht damit hadert oder sich darüber hinwegzutäuschen versucht, sondern sie annimmt. Mehr noch: der sich in seinen Grenzen von Gott angenommen weiß. Arm sein vor Gott meint: Ich darf der sein, der ich bin. Ich muss nicht mehr sein oder darstellen wollen. Ich muss keinen Stuss treiben. Wert und Anerkennung muss ich mir nicht selbst verschaffen; ich brauche sie mir nicht von anderen zu erbetteln. Sie sind mir von Gott geschenkt. Ich bin ihm trotz meiner Schwächen und Erbärmlichkeiten liebenswert genug. Selig sind, die so arm sind, dass Gott ihr Reichtum werden kann.

Authentisch

Die erste Seligpreisung korrespondiert mit der sechsten Preisung. Wörtlich steht da:

Selig die Armen dem Geiste nach (3).
Selig die Reinen dem Herzen nach (8).

Eine Reinheit ist gemeint, die nicht nur an äußeren Dingen hängt, sondern den Menschen ganz bestimmt, ihn also authentisch sein lässt. Ein reines Herz kann wohl nur der haben, der weiß, wofür sein Herz schlägt. Ein reines Herz zu gewinnen heißt, die eigenen Zweideutigkeiten zu überwinden, zu leben, wie man redet, und zu reden, wie man lebt. In einem außerbiblischen Jesus-Wort heißt es: »Wann ist das Reich Gottes gekommen? Wenn das Äußere geworden ist wie das Innere und das Innere wie das Äußere.«

Bei den Armen, Trauernden, Gewaltlosen ... geht es nicht so sehr um ständig neue Adressaten, sie werden nur ständig neu umschrieben. Die einzelnen Preisungen haben eine je eigene Leuchtkraft. Sie alle werden von einem Licht gespeist und zerlegen es gleichsam in die Spektralfarben der Barmherzigkeit Gottes. Ähnliches gilt für die Verheißungen: Es werden nicht ständig neue eschatologische Güter zugesagt, sondern das eine Heil wird in immer neuen Variationen dargestellt.

Bare Münze

Die Seligpreisungen sind wie die Eckpunkte eines Lebens im Zeichen des Reiches Gottes. Denen, die keine Chance haben, je ein vollkommenes Leben zu führen, gilt die Verheißung Jesu. Denen, die schon auf der ersten Sprosse ausrutschen, wenn sie versuchen, auf der Leiter der Vollkommenheit nach oben zu steigen. Das Evangelium mutet uns zu, die Preisungen für bare Münze zu nehmen. Für eine Art Währung, von Jesus in Umlauf gesetzt. Er selber bürgt für den Wert dieser Währung. Und er steht mit seinem Leben dafür ein, als es ans Bezahlen geht. Als sie kommen und sagen: ›Nun zeig uns doch, was deine Botschaft in Wahrheit wert ist.‹ Seitdem machen die Bilder dieses verheißungsvollen Lebens unter uns die Runde, entzünden immer wieder neu das Feuer göttlicher Liebe, das Feuer der Barmherzigkeit, der Sanftmut, der Friedfertigkeit, der Sehnsucht nach Gerechtigkeit, nach Trost, nach Reinheit des Herzens. Ein Feuer, das Wärme gibt und Licht in der Nacht. – Wie weit trage ich den brennenden Wunsch nach mehr Gerechtigkeit, Barmherzigkeit und Frieden in mir? Wie viel von mir selbst werfe ich dafür in die Waagschale? Es wird uns nichts geschenkt … – es wird uns alles geschenkt! In der Spannung zwischen diesen beiden Aussagen bewegt sich das Leben, das sich von den Seligpreisungen locken lässt.

Totengedenken

ALLERSEELEN

Schrifttext: Jes 43,1

Zeichen des Menschseins

Man kann lange darüber streiten, was den Menschen vom Affen unterscheidet. Der aufrechte Gang? Das Sprechen? Das Herstellen von Werkzeugen? Der Gebrauch des Feuers? Die überzeugendste Antwort dürfte sein, dass keine einzelne Eigenschaft, sondern ein Bündel von Fähigkeiten und Fertigkeiten den Sprung zum Menschen ausmacht, das also, was die Bibel mit der Erschaffung des Menschen meint. Als besonders hervorstechendes Merkmal gilt in der Wissenschaft, dass der Mensch die Toten bestattet und Begräbnisriten entwickelt. Tiere tun das nicht. Totenbestattung als entscheidendes Zeichen des Menschseins …

Anonym

Gerade im Bereich der Erinnerungskultur ändert sich heute viel. Weit über die Hälfte der Totenbestattungen in Deutschland sind Einäscherungen. Denken Sie an Friedwald und Ruheforst, an Bestattungen auf hoher See und in den Bergen. Es gibt nichts, was es nicht gibt in unserer individualisierten Gesellschaft. Die Zahl der anonymen Bestattungen wächst, der Name der Toten wird also ausgelöscht. Wenn die Totenbestattung im Zuge der Menschwerdung ein Zeichen von Humanität ist, dann ist umgekehrt die Auslöschung des Namens und des Gedächtnisortes ein Zeichen von Inhumanität, Unmenschlichkeit.

Ist da noch etwas?

Andererseits findet sich ein ausdrückliches Totengedächtnis dort, wo man es gar nicht erwartet. Hat nicht der Marxismus jede Form von Leben über den Tod hinaus abgelehnt? ›Tot ist tot‹, lautet die Devise. Und doch versammelt sich die Spitze der Linken jährlich im Januar an den Gräbern und Gedenkorten von Rosa Luxemburg und Karl Liebknecht. Warum? Man könnte sich etwa mit den Schriften der beiden befassen, aber man geht zu den Gräbern. Ist da noch etwas? Sahra Wagenknecht gesteht, dass sie bei wichtigen Entscheidungen dort an den Gräbern mit den beiden Toten spricht. Claus Peymann, der frühere Intendant des Berliner Ensembles, sagt, dass er vor jeder Neuinszenierung eines Stückes von Bert Brecht an dessen Grab mit ihm Zwiesprache hält. Warum? Ist da noch etwas? Man könnte auf den Totenkult in den dezidiert nichtreligiösen Ideologien des 20. Jahrhunderts hinweisen. Lenin und Stalin werden einbalsamiert und dann an der Kremlmauer zur Schau gestellt. Ist da noch etwas? Meldet sich hier eine urreligiöse Haltung im Menschen?

Gedenken

›Unvergessen‹, sagen wir. Das ist ein großes Wort. Wir wissen nur zu gut, was von unserem Gedächtnis zu halten ist, wie vergesslich wir sind, je älter wir werden. Die Namen fallen uns nicht mehr ein, die Erinnerung verblasst. Wenn die Toten wirklich nur in unserem Gedächtnis und von unserer Erinnerung lebten, wären sie arm dran. Gott spricht: »Ich habe dich beim Namen gerufen; du gehörst mir!« (Jes 43,1). In Jesu Namen hat Gott die Namen unserer Toten nicht vergessen, er hält sie in seinem Gedächtnis lebendig, nicht nur etwas von ihnen, nicht nur ihr Wollen, ihre Ideale, nicht nur das, was sie geleistet haben, sondern sie selbst. Gott verbürgt, dass ihr Leben nicht in einem anonymen Fortschrittsprozess untergeht, sondern bleibt.

Totengedächtnis in der Eucharistiefeier

Darum verbinden wir unser Totengedächtnis mit der Gedächtnisfeier Christi, mit der Eucharistie. In den vergangenen Jahrzehnten ist die Einsicht gewachsen, dass wir dieses Mahl nicht als Einzelne feiern, sondern miteinander und füreinander. Dieser soziale Sinn der Eucharistie endet nicht bei den Lebenden. Die vielbeschworene Solidarität wäre nur halb gewonnen, wenn sie vor den Toten Halt machte. Darin bewährt der Glaube in der Feier der Eucharistie seine soziale Kraft, dass er die Toten beim Namen nennt und im Gedächtnis bewahrt. »Herr, gedenke derer, die uns im Zeichen des Glaubens vorangegangen sind; gedenke aller, um deren Glauben niemand weiß als du.« Das wird die Kirche auch dann noch beten, wenn wir alle längst zu den Toten gehören.

Mit den Toten leben

ALLERSEELEN

Hinterbliebene

Wir alle sind Hinterbliebene. Erinnern Sie sich noch, als Sie zum ersten Mal einen Toten gesehen haben? Diese Erfahrung vergisst man nicht so leicht. Es geht uns nahe, wenn der eigene Name unter der Todesanzeige in der Reihe der Hinterbliebenen steht. Daran denken wir nicht gern zurück. Wir bestimmen unseren Standort in der Geschichte nicht von den Toten, sondern von den kommenden Generationen her. Was kümmern uns die Toten! Wir haben mit den Problemen der Lebenden genug zu tun. Wie schaffen wir es, dass die Welt bewohnbar bleibt, bewohnbarer wird? Wie gewinnen wir mehr Freiheit, mehr Gerechtigkeit, mehr Frieden auf unserer Erde? Uns geht es vor allem um das Leben *vor* dem Tod, weniger um das Leben *nach* dem Tod.

Über die Toten hinweg?

Können wir so leicht über die Toten hinweg zur Tagesordnung schreiten? Werden wir so die Welt bewohnbarer machen? Können wir dem gegenwärtigen Leben einen Sinn geben, wenn wir ihn den Toten versagen? Was wäre das für ein Sinn, der nur für die jeweils Lebenden gilt, aber nicht für alle, die je das Licht der Welt erblickt haben und ihre Dunkelheit? Die kommenden Geschlechter in Ehren: Was ist mit den vergangenen? Gehören sie nicht zu uns? Wir selbst werden bald schon zu ihnen gehören!

Sozial?

Kann das Glück der Enkel über das Leid der Mütter und Väter hinwegtrösten? Hier lassen uns die sozialen Botschaften im Stich; sie lassen die Toten im Stich und erweisen sich dadurch als unsozial. Kein gesellschaftlicher und sozialer Fortschritt gibt den Toten Sinn. Was ist das für eine Gesellschaft, die Millionen und Abermillionen von ihren Verheißungen ausschließt, die auf dem Rücken der Toten und gar auf dem Rücken derer, die für Sie »geopfert« wurden, ihr Glück genießen will?! Ist das der verheißene Fortschritt an

Menschlichkeit, oder schreitet hier – im Vergessen der Toten – die Unmenschlichkeit fort? Schwindet mit dem Sinn für die Toten der Sinn für die Lebenden? Was ist mit den Toten? So gewiss der Tod ist, so ungewiss sind wir in der Frage geworden, was jenseits des Todes ist.

Auferstehung der Toten

Was ist mit den Toten? Diese Frage geht jeden Menschen an. Die Christen entziehen sich ihr nicht. Sie bekennen sich zur Auferstehung der Toten. Nehmen sie damit den Mund nicht zu voll? Neigen nicht Frauen und Männer, denen die Verkündigung aufgetragen ist, dazu, die Fragen totzureden, die der Tod stellt? Die Gefahr ist groß, mehr zu sagen, als wir sagen dürfen. Aber es gibt auch die andere Gefahr, dass wir weniger sagen, als wir sagen müssen. Wir glauben an die Auferstehung der Toten. Ich kann das nicht weniger anstößig formulieren. Ich will Ihnen ohne Umschweife sagen, wie ich darüber denke.

Der Grund: Jesus Christus

Dass Christen an die Auferstehung der Toten glauben, hat seinen Grund: Jesus Christus. Er hat sich mit dem Tod und dessen Vorboten – mit Angst, Krankheit und Schuld – nicht abgefunden. Er ergriff Partei für das Leben: Er heilte und ermutigte, wo er konnte, er litt mit den Trauernden. Wo Menschen dem Tod nahe oder verfallen waren und all ihre Hoffnung begraben hatten, da schuf er Leben. Er spürte die Mächte des Todes mitten im Leben auf – und geriet deshalb in Konflikt mit ihnen. Ihm blieb der Tod nicht erspart, sein furchtbarer Tod. Aber selbst im Tod hielt er sich an den, für den er gelebt hatte: an Gott, den Gott der Lebenden. Gott hat ihn dem Tod entrissen. Von Jesu Tod ist mehr zu sagen als von jedem anderen Tod: In ihm hat Gott sich auf den

Tod eingelassen. Seit Golgota hat der Tod es mit Gott zu tun; er muss ihm das letzte Wort lassen. Gott ist der Tod des Todes.

Das Leben der Toten

Er ist das Leben der Toten. Jesus Christus gehört zu den Toten, zu unseren Toten. Er hat ihr Los geteilt. Wie er einer von uns geworden ist, so ist er einer von ihnen geworden. Er ist, um es in einem Bild der alten Kirche zu sagen, hinabgestiegen zu den Toten. In seiner Auferstehung hat er ihnen allen das Leben geschenkt. Das ist der Grund, der uns Christen an das Leben der Toten glauben lässt. Wir haben es zu guter Letzt nicht mehr nur mit dem Tod zu tun, sondern mit »Gott, der die Toten lebendig macht und das, was nicht ist, ins Dasein ruft« (Röm 4,17).

Licht in der Dunkelheit

Von daher kommt Licht in unser Leitwort. Zunächst erscheint es als ein Widerspruch in sich. Darin liegt ja gerade die Brutalität des Todes, dass wir nicht mehr mit den Toten leben können, dass sie keinen Blick, keinen Händedruck erwidern, kein Sterbenswort mehr sagen. Was heißt dann »Mit den Toten leben«, wenn es mehr sein soll als ein Spiel mit Worten oder Totenbeschwörung? Die Wahrheit dieses Wortes ist allein in Gott begründet. Im Namen Jesu Christi ist er das Leben der Toten. Wenn wir die Toten suchen – wir finden sie bei Gott.

Einübung ins Sterben

»Mit den Toten leben«. Die Toten weisen uns auf die Bedeutung unseres Lebens hin. Was bleibt? Was hat Bestand angesichts des Todes und der Toten? Der Tod bringt uns unsere Grenzen in Erinnerung, mehr noch: Er kann uns zeigen, wie unsinnig es ist, dass wir uns an diesen Grenzen festklammern und uns dahinter verschanzen. In dem Maße, wie wir es wagen, aus uns selbst herauszugehen, lassen wir jetzt schon den Tod hinter uns. »Wir wissen, dass wir aus dem Tod in das Leben hinübergegangen sind, weil wir die Brüder lieben. Wer nicht liebt, bleibt im Tod« (1 Joh 3,14). So gesehen ist die Liebe Einübung ins Sterben, besser: in ein Leben, das den Tod besteht. Eine Totenbruderschaft in Lyon hat das so ausgedrückt: »Wenn man dich zum Friedhof trägt, kümmert dich nicht mehr das, was du hast; mitnehmen wirst du nur das, was du gegeben hast.« Mir hat sich ein Gebet eingeprägt, das von Isaak von Antiochien, einem Syrer aus dem 5. Jahrhundert, stammt:

Tod, schleudere mich nicht in dein Feld,
bevor ich guter Weizensame geworden bin!
Gott, lass mich nicht vor dein Angesicht kommen,
bevor ich heilig bin!
Von einem Augenblick zum andern
werde ich von hundert Winden umhergetrieben.
Bald bin ich in der Höhe,
bald in der Tiefe des Abgrunds,
bald bin ich ein König mit Diadem,
bald ein elender Bettler.
Ich ändere mich tausendmal, wie ein Rad sich wendet.
Unkraut ist mit meinem Weizen vermischt und Spreu,
und dein guter Same ist mitten unter Dornen
auf dem Acker deines Knechtes!
Niemand außer dir allein, o Gott,
erzähle ich diese meine Not!
Mein Verlangen zielt ja allein auf dich
und deine große Barmherzigkeit!
Du, dem Lebende und Tote in gleicher Weise gehören,

lass mich einmal nicht in meinen Sünden sterben!
Herr, verwandle erst meine Ähre in Brot,
dann mag der Schnitter an mich herantreten,
fülle erst meine Traube mit Wein,
dann mag der Winzer nahen!